汉语教师培训系列教材

汉语作为第二语言教学
简　　论

刘　珣　著

北京语言大学出版社
BEIJING LANGUAGE AND CULTURE
UNIVERSITY PRESS

图书在版编目(CIP)数据

汉语作为第二语言教学简论/刘珣主编.
—北京：北京语言大学出版社，2002（2019.8 重印）
ISBN 978-7-5619-1103-7

Ⅰ．汉…
Ⅱ．刘…
Ⅲ．汉语教学－教学理论－师资培训－教材
Ⅳ．H195.1

中国版本图书馆 CIP 数据核字（2002）第 045536 号

书　　名：	汉语作为第二语言教学简论
责任印制：	陈　辉

出版发行：北京语言大学出版社

社　　址：	北京市海淀区学院路 15 号　邮政编码 100083
网　　址：	www.blcup.com
电　　话：	发行部　82303648/3591/3650
	编辑部　82303390
	读者服务部　82303653
	网上订购电话　82303908
	客户服务信箱　service@blcup.com
印　　刷：	北京虎彩文化传播有限公司
经　　销：	全国新华书店

版　　次：	2002 年 8 月第 1 版　2019 年 8 月第 12 次印刷
开　　本：	850 毫米×1168 毫米　1/32　印张：6.5
字　　数：	145 千字
书　　号：	ISBN 978-7-5619-1103-7/H·02089
定　　价：	20.00 元

凡有印装质量问题，本社负责调换。电话：82303590

出 版 说 明

随着中国经济的快速增长及中国加入世贸组织,汉语的重要性已经为越来越多的人所认识。无论是对外汉语教学还是国内少数民族的汉语教学,近年来都得到了迅猛发展,教学规模不断扩大,学生人数迅速增加,这就要求有一支懂得第二语言教学规律的高素质的教师队伍。但目前从业的汉语教师大多数没受过汉语作为第二语言教学的专业教育,在教学实践中沿袭的是母语文教学的老路子,这种情况远远不能适应汉语教学发展的需要。因此,对现有汉语教师进行在职培训是解决这一问题的切实可行的办法,也是当务之急。

近十年来,汉语作为第二语言教学的学科建设不断加强,理论研究不断深入,汉语教学理论、语言习得理论和作为第二语言学习和教学内容的汉语研究都取得了丰硕成果,这些都为汉语教师通过培训学习进一步提高素质,并运用理论知识提高教学效率和教学质量提供了可能和保证。

汉语作为第二语言教学是不同于母语文教学的专门学科,这一点早已成为人们的共识。汉语作为第二语言教学的教师也应该具备不同于从事母语文教学教师的知识结构。具体来说,21世纪的汉语教师不仅要具备扎实的汉语基础知识,熟悉教学法并能熟练运用课堂教学技巧,还要懂第二语言教学理论、语言习得理论、语言测试理论等,并能用这些理论知识来指导教学实践。应该说,不具备这些知识的教师,肯定不能胜任今后的汉语教学工作。

正是基于以上认识,我们北京语言大学出版社出版了这套汉语教师培训系列教材,第一批共5本,包括《汉语作为第二语言教学简论》、《汉语课堂教学技巧》、《现代汉语概论》、《语言测验理论与实践》和《汉语普通话语音教程》(新疆版)。第二批包括《汉语教师课堂用语教程》、《实用汉语教师培训教材系列》等。读者对象为从事汉语作为第二语言教学的教师,包括对外汉语教师、对国内少数民族学生进行汉语教学的教师及海外汉语教师。这套教材除个别是在原有基础上改编之外,大多为新著,其内容反映了最近几年来汉语教学领域的一些新的研究成果,它们既有侧重本学科基础理论的,也有侧重具体教学技巧的,基本涵盖了汉语作为第二语言教学教师所应具备的主要知识。特别值得一提的是,这套教材的作者都是既有多年汉语教学经验,又在本学科的理论研究上颇有建树的专家,相信这套教材会帮助广大汉语教师提高素质、改进教学,积极应对21世纪的新挑战。

北京语言大学出版社
2002年6月

目　　录

第一章　汉语作为第二语言教学的特点 …………… （1）
　　一、第二语言和第二语言教学……………………………（1）
　　二、第二语言教学的特点…………………………………（6）
　　三、汉语作为第二语言教学的特点………………………（12）

第二章　第二语言的学习 ……………………………（17）
　　一、对比分析假说…………………………………………（17）
　　二、中介语假说与偏误分析………………………………（21）
　　三、输入假说………………………………………………（32）
　　四、普遍语法假说…………………………………………（36）

第三章　第二语言教学的主体 ………………………（39）
　　一、学习者的生理因素……………………………………（39）
　　二、学习者的认知因素……………………………………（41）
　　三、学习者的情感因素……………………………………（47）

第四章　汉语作为第二语言教学的目的与内容 ……（53）
　　一、第二语言教育的作用与教育的目的…………………（53）
　　二、汉语作为第二语言教学的目的………………………（58）
　　三、汉语作为第二语言教学的内容………………………（61）

第五章　第二语言教学法主要流派 …………………（70）
　　一、认知派与经验派教学法………………………………（71）
　　二、人本派与功能派教学法………………………………（84）
　　三、第二语言教学法流派分析……………………………（99）

第六章　汉语作为第二语言教学的原则 ……………（105）
　　一、第二语言教学的发展概况……………………………（105）
　　二、第二语言教学法的发展趋向…………………………（107）
　　三、确立教学原则的指导思想……………………………（110）
　　四、汉语作为第二语言教学的原则………………………（112）

第七章 汉语作为第二语言教学的教材……………… (120)
  一、教材的重要性 ………………………………… (120)
  二、教材的依据 …………………………………… (121)
  三、教材编写的原则 ……………………………… (122)
  四、教材设计的类型 ……………………………… (126)
  五、汉语作为第二语言教材建设中存在的主要问题 … (130)

第八章 汉语作为第二语言的课堂教学……………… (134)
  一、教学过程的重要因素：教师和学生…………… (134)
  二、教学过程的基本阶段 ………………………… (137)
  三、汉语作为第二语言课堂教学的特点与环节 …… (139)
  四、汉语作为第二语言课堂教学的技巧 ………… (145)
  五、课堂教学的评估 ……………………………… (153)

第九章 汉语作为第二语言的语言要素教学………… (155)
  一、语音教学 ……………………………………… (155)
  二、词汇教学 ……………………………………… (160)
  三、语法教学 ……………………………………… (165)
  四、汉字教学 ……………………………………… (170)

第十章 语言测试……………………………………… (178)
  一、语言测试的作用 ……………………………… (178)
  二、语言测试的种类 ……………………………… (180)
  三、语言测试的评析标准 ………………………… (183)
  四、标准化语言测试的过程 ……………………… (186)
  五、语言测试的内容与主要题型 ………………… (188)

第十一章 汉语作为第二语言教学的教师与学科建设…… (194)
  一、明确对汉语教师的素质要求，加强教师
     队伍的建设…………………………………… (194)
  二、改革和完善教学法体系，提高教学效率……… (197)
  三、加强科学研究，提高学科理论水平…………… (199)

后记 ……………………………………………………… (202)

第一章 汉语作为第二语言教学的特点

在我国多民族大家庭中,各民族在掌握自己的本族语言之后,还学习本国其他民族的语言或者外国的语言,这种类型的语言教学称为第二语言教学。我国少数民族或者外国人士在掌握本民族语言之后再学习汉语,这种汉语教学称为汉语作为第二语言的教学。

第二语言教学不同于母语文教学;汉语作为第二语言教学又有着不同于其他第二语言教学的特点。本章将先从这个问题谈起。

一、第二语言和第二语言教学

在讨论汉语作为第二语言教学以前,首先要弄清楚什么是第二语言,什么是第二语言教学。

1. 有关语言的几个概念

(1) 第一语言和第二语言

我们这里所说的第一语言和第二语言完全是从学习者学习语言的时间先后来区分的。第一语言指人出生以后首先接触并获得的语言;第二语言指人们在获得第一语言以后再学习和使用的另一种语言。比如在我国新疆地区,维吾尔族、哈萨克族的孩子出生以后,他们的第一语言分别是维吾尔语和哈萨克语。入学以后,还要学习汉语,这就是他们的第二语言。以后还可能学习英语或日语等别的国家的语言,这也是他们的第二语言。汉族的孩子出生以后,他的第一语言是汉语,他可能学维吾尔语或哈萨克语,以及英语、日语等其他国家的语言,这些也统称为第二语言(一般不再分为第三语言、第四语言)。

除了第一语言和第二语言外,还有一些概念也是我们应该掌握的:

(2) 母语和外语

这是按国家的界限来区分的。母语是指本民族的语言;外语是指外国的语言。一般情况下母语是人们的第一语言;但对一些移居国外的人来说,其子女出生后首先接触并获得的语言,有可能是居住国的语言而不是母语。因此,不能把第一语言和母语这两个概念完全等同起来。同样的道理,第二语言也不一定就是外语。仍举移民国外的例子,其子女入学后开始学习的第二语言倒可能是他的母语。

(3) 本族语和非本族语

这是按言语社团,通常是民族的界限来区分的。本族语就是本民族的语言,因此这一术语与"母语"可以通用。非本族语是指本民族以外的语言,可能是外语,也可能是指本国其他民族的语言。比如,对我国蒙古族来说,蒙语是本族语,也是母语;汉语则是非本族语,是本国其他民族的语言,但绝不能称作外语。如果汉语是在掌握蒙语以后才学会的,就可以说是他的第二语言。

从对语言掌握的程度及运用情况来看,母语、本族语和第一语言通常是一个人的"主要语言",但在有的情况下也可能成了"次要语言";外语、非本族语和第二语言一般是"次要语言",但也可能成为"主要语言"。

(4) 标准语和方言

标准语是作为全民族交际工具的规范的民族共同语,通常是在一种地区方言的基础上发展起来的。如伦敦方言是英格兰共同语的基础方言,以佛罗伦萨为中心的多斯岗方言是意大利共同语的基础方言。普通话是汉语的标准语,它以北京语音为标准音,以北方话为基础方言,以典范的现代白话文著作为语法规范。

方言是一种语言中跟标准语有区别的、只在某个地区使用的话。汉语有七大方言区：北方（官话）方言、吴方言、赣方言、粤方言、客家方言、闽方言和湘方言。

（5）族际共同语

多民族国家中各民族之间需要一种共同的交际工具，如美国人口的组成包括了世界上很多的民族，英语在美国就起着族际共同语的作用；俄国的各民族之间是以俄语作为族际共同语的。由于经济、文化、社会及历史等方面的原因，在我国使用人口最多、范围最广的汉语自然成了我国各民族的族际共同语。

（6）目的语

这是指人们正在学习并希望掌握的语言。不论是外语还是非本族语，甚至是非第一语言的母语，只要成为一个人学习并争取掌握的目标，都可以称为目的语。

（7）双语

双语是指一个人所掌握的、能同样熟练运用的两种语言。有的学者认为这两种语言必须都是三四岁以前就接触并掌握的第一语言，但这样的情况是很少的。也有的学者认为两种语言必须都达到作为第一语言的母语的水平，也就是说要能像运用母语那样地运用第二语言，才能称为双语，但是达到这样的目标也很不容易。在实际使用这个概念时并没有那么严格，当第二语言达到较高的熟练运用程度时，就可以称为双语。

上述有关语言的概念都是跟语言教学、跟学习者紧密相关的。从学习者的角度来看，比如，我国蒙古族儿童如果出生于蒙语的环境里，他们第一语言就是蒙语，蒙语也是他的本族语和母语。他上小学时开始学习汉语普通话，汉语是他的第二语言，是族际共同语，也是他希望掌握的目的语。如果他的汉语学得很好，能熟练地运用，也可以说他掌握了双语。后来他又学习英语，这是他的外语，或者说是他的另一种第二语言，当然也是他的目的语。再从语言的角度来看，汉语是汉民族的本族语、母语，对绝大多数汉族人来说是他们的第一语言。汉语又是中华民族共同的交际工具,对学习汉语的我国少数民族来说,是他们的第二语言,也是族际共同语。对海外华人子弟来说,汉语是他们的母语、本族语,但可能是他们的第二语言。对外国学习者来说,汉语是一种外语,是目的语,也可能是他们的第二语言。汉语普通话对汉语方言区的人来说,是他们应该掌握的本族语的标准语。

2. 第一语言和第二语言的获得

人们是怎样获得他的第一语言和第二语言的呢?

第一语言的获得大体上经过两个不同的时期,即早期的潜意识的语言习得和入学后的有意识的语言学习。儿童出生以后就开始了他的获得第一语言的过程。一岁以前是发声阶段,从啼哭发展到牙牙学语。一岁左右开始了真正的语言表达阶段,到五岁左右,在这四五年的时间里儿童在自然的语言环境中,通过与他的父母及周围人的语言交际活动,基本上形成了他的第一语言(一般是母语)的口语语言系统。这一过程一般经过独词句(由单个词如"妈妈"表达多种意思)、双词句(由两个词如"要奶"、"要糖"、"要妈妈"等组成的句子)、电报句(句中只有实词没有虚词如"宝宝肚肚饿")等阶段,过渡到成人句(开始使用功能词,语法关系也逐渐复杂)。早期儿童语言的发展,是与他的生理和心理的成长发育,特别是认知的发展相联系的。儿童并没有非常明确的语言学习的意识,这种在自然的语言环境中,通过语言交际活动潜意识地获得语言,称为"习得"。

儿童入学以后,就进入了他获得第一语言的第二个阶段,即在课堂里老师的指导下,有意识地继续他的第一语言的学习。在我国主要体现在小学和中学的语文课上,学习一定的语言知识和文化知识,提高语言交际能力特别是书面语的交际能力。第二语言虽然也有可能在目的语的社会环境中通过长期的语言交际活动而自然习得,但对大多数人来说还是通过接受正规的语言教育、有意识学习而获得的。这种在课堂教学的环境下有专门教师的指导,严格按照教学大纲和课本,通过讲解、练习、记忆等活动有计划、有系统、有意识地掌握语言规则，逐步获得运用目的语进行交际的能力的过程，称为"学习"。

3. 第二语言教学和双语教学

我们这里所说的第二语言教学，指人们获得第一语言以后在学校环境里对第二语言进行的正规的教学活动。这种教学活动必须按照专门的教学大纲和教学计划以及符合教学大纲的教材，由专业教师指导并采用一定的教学方法，通过课堂教学和课下的教学辅助活动以及定期的测试等评估手段，有计划、有系统、循序渐进地进行。如果所教的第二语言是汉语，就称为汉语作为第二语言的教学；如果所教的第二语言是英语或朝鲜语，就分别称为英语作为第二语言的教学或朝鲜语作为第二语言的教学。这些都是第二语言教学的分支学科。

同时进行有相同或相近的教学目标的两种语言的教学，叫双语教学。一般是指同时进行的母语教学和一种第二语言教学。我国新疆维吾尔自治区政府提出少数民族学生在学好本民族语言的同时，从小学开始就学习作为第二语言的汉语，并且要求大部分高中毕业生能达到本民族语和汉语"民汉兼通"的目标。这就是双语教学。所谓"兼通"，是指两种语言的掌握程度要达到相同或相近的目标，培养成双语人才。这就把双语教学与一般的第二语言教学区分了开来。当然，双语教学不同于一般的第二语言教学还在于：双语教学中要更多地考虑第二语言与第一语言的关系，要有利于两种语言的同时发展，并涉及到国家的民族政策和语言教育政策。

我国少数民族地区实行的双语教育政策，要求在掌握本民族语言的同时掌握作为族际共同语的第二语言——汉语，目的在于按宪法规定保护与发展少数民族的语言与文化，维护公民使用和发展本民族语言文字的自由并有利于人类多元化文化的发展；同时又是为了通过推广族际共同语加强国内各民族之间的交流与合作，特别是发展少数民族教育，提高少数民族的科学文化素质，繁荣少数民族的经济。双语教育不仅指开设民族语文课和汉语课,进行两种语言的教学,还包括在学校教育中能运用两种语言教授其他课程,即用双语作为教育的媒介语,更好更快地培养双语人才。

二、第二语言教学的特点

1. 第二语言学习与第一语言习得的比较

为了弄清第二语言教学的特点,我们首先要对第二语言学习与第一语言习得进行比较,同时也涉及到儿童入学后的第一语言学习。

(1) 第二语言学习与第一语言习得的相同之处

1) 要掌握一种语言,不论是第一语言或第二语言,都需要具备一定的主观、客观条件。主观条件是指学习者必须具备健全的大脑和言语器官。神经生理学研究表明,作为中枢神经系统的人的大脑也是言语中枢所在地。大脑的语言功能主要由负责抽象思维的左半球承担。其中前言语区主要与语言表达功能有关;后言语区主要与语言理解的功能有关;上言语区与咽、喉、腭、舌等发音器官的活动有关。有的学者的研究还指出,汉字作为一种图形,其认读过程也有负责形象思维的右脑参与。大脑受损伤或发音器官、视听器官有缺陷,必然影响到语言的获得。掌握语言所必需的客观条件是一定的语言环境,人具有先天的习得语言的能力,但语言的获得却是后天通过与环境的作用而实现的。狼孩由于与人的语言环境隔绝,虽然有先天的习得语言的能力也无法获得语言。成人习得第二语言也必须有一定的语言环境,即使不能置身于目的语的自然语言环境中,至少也必须有提供一定目的语输入的语言环境(如课堂、教师或对话者)。

2) 两种语言习得都是为了培养语言交际能力。语言是交际工具,习得语言的目的都是为了交际。儿童习得母语是为了生存和认识周围世界、进行交际活动的需要,成人习得第二语言也是为了从听说读写方面运用目的语进行交际。

3) 两种语言习得都必须掌握语音、词汇、语法等要素和受文化制约的语用规则，都必须形成一定的听说读写（儿童首先是听和说）的技能。儿童从出生后就开始了语音系统的发展，一岁左右进入词汇发展阶段，从独词句、双词句、电报句到成人句，体现了儿童语法系统发展的过程。儿童在习得第一语言的同时也习得该语言的文化，通过语言交际掌握语用规则。成人习得第二语言，正如我们所熟知的，也必须掌握上述各项内容。

4) 两种语言习得大体上都经过感知、理解、模仿、记忆、巩固和应用阶段。儿童从众多外界刺激中感知的语言信息只是其中一部分。对听懂了的话语，儿童喜欢反复模仿并能较容易地记住，然后就是不停地应用。成人要获得第二语言也同样要经历这几个阶段。

第一语言习得和第二语言习得的共同点反映了语言习得的普遍规律，也可以看做是语言学习不同于其他学科学习的特殊规律。

(2) 第二语言学习与第一语言习得的不同之处

很多教学理论家希望在第二语言教学中汲取第一语言习得的成功经验，一些第二语言教学法流派甚至完全模仿儿童第一语言的习得过程。但是我们必须看到，儿童习得第一语言与成人习得第二语言之间存在着很大的不同，不了解这一差别，看不到成人第二语言习得复杂的一面而盲目模仿儿童习得第一语言的过程，不论是具体的教学方法或作为一种教学法流派，都将适得其反。主要不同之处有：

1) 主体不同。第一语言学习者都是儿童，而第二语言学习者多为成人。两者年龄的不同，生理、心理特点的不同，形成了语言学习条件、方法和结果的不同。正是主体不同决定了以下其他方面的不同。

2) 动力不同。前边在讨论相同点时已经指出两种习得都是为了交际，但是两者所产生的动力并不相同。儿童习得第一语言是出于其本能,是一种生存和发展的需要,不掌握第一语言,不会说比如"奶"、"饿"就无法生存。儿童本能地要了解周围世界,不停地用刚学会的语言问:"这是什么?""为什么?"因此,儿童习得第一语言是一种自然的需要,有天然的动力(尽管自己并不一定意识到),可以持久不衰,不需要别人来督促。成人习得第二语言在交际的大前提下有各种目的,除了想融合到目的语社会中去,不存在影响到生存的问题;成人已经有了作为交际用的第一语言系统,不学第二语言照样能生活。这种习得的动机是受其意志支配的,也是不稳定的。有时会感到是一种负担,学到一定程度可能就停止;也可能选择另一种目的语学习,不是非掌握这种目的语不可。因此,一般说来,第二语言习得不具有第一语言习得的天然动力。如何不断增强学习者的动力,成为第二语言习得的关键。

3)环境和方式不同。儿童第一语言是在天然的语言环境中获得的,不仅家庭、父母而且整个社会都提供了极其丰富的、以交际为目的的语言输入。儿童根据交际需要由近及远、由简单到复杂、由具体到抽象从中吸取他能吸收的语言材料,这是一种很彻底的"沉浸法"。除了睡眠时间以外,从早到晚的生活和游戏都在接触语言,每天至少有10个小时以上接受语言的输入,五年总共18000小时。这是第二语言学习者很难做到的。一般在非目的语环境中,第二语言学习者每周只有1~2课时。按最多的5课时计算,五年总共也只有1000小时。即使专业性的强化教学,一周也只有20学时,五年4000小时。而且在很多第二语言的课堂中,学生所接受的并非都是目的语的输入。在目的语环境中学习的成人,也不可能从早到晚只是学习语言。所以从习得语言的时间和语言的输入量来看,第二语言习得是无法与第一语言习得相比的。

儿童从他身边的人、特别是父母那里获得的是简单、清晰、有重复、速度慢、充满了感情、有丰富体势语的"保姆式"的语言,非常有利于语言水平的逐步提高。更为重要的是,儿童是以交际活动参加者的身份在与周围人的真实交际中习得并运用第一语言的，不仅能学到地道的语言，而且直接形成了语言交际能力。成人在课堂中习得第二语言要从学发音开始，从最基本的词汇和语法开始，学习的进展完全取决于教学计划和教师的指导。由于缺少真实的交际环境，不可能让学习者随时随地接触到各种语言情境，参加各种真实的交际活动，至多只能进行一些练习，无法在交际中习得目的语，也就难以培养语言交际能力。

4) 过程不同。前边已经谈到，儿童习得第一语言是与其生理、心理的发育同步进行的。儿童习得单词是从接触实际事物开始，同时建立有关事物的概念。比如对猫与狗不同概念的建立，是与习得这两个词同时实现的，开始把四条腿的都叫狗，后来才知道猫跟狗不一样。通过模仿、记忆、运用学会了这些词，也就建立了有关的概念。至于时间、地点、空间的概念也是与习得相关的词同时建立的。同样，在习得词组或句子时便同时建立概念与概念之间的关系，如修饰关系、述宾关系等。可以说儿童习得第一语言的过程，也就是建立概念、形成并发展思维能力的过程。语言能力是与思维能力同时发展的。成人习得第二语言的过程则根本不同。成人由于习得第一语言时已经建立起比较完整的概念系统和语言系统，特别是语义系统，并发展了思维能力，尽管由于不同民族文化差异，在第二语言习得中也可能碰到一些新概念或自己尚未接触到的概念需要建立，有的概念需要调整或修正，但总的说来不需要从头另搞一套概念系统，而是需要学习一种新的符号表达形式。如看见猫时，已经有了猫的概念，问题是不知道目的语如何表达，如何建立新的音、形与义的联系。因此习得第二语言时，往往不是让实际事物与第二语言直接联系，而是中间要经过第一语言的思维。如说英语的学习者看见猫需要先想到 cat 这个概念，然后才习得目的语的表达方式（语音和结构）。

正因为在学习第二语言之前学习者已经有了第一语言系统，而且第一语言系统在第二语言学习中不可避免地发挥着影响，这就是心理学上所讲的迁移。迁移是指在学习过程中已获得的知识、技能和方法甚至态度等对学习新知识、新技能的影响。这种影响有的起积极、促进的作用，叫正迁移；有的起阻碍的作用，叫负迁移，也可以称为干扰。如日语中使用一部分汉字，日本学生在学习其母语时，从小就接受过汉字的训练，因而学习汉语中的汉字，对日本学生来说比英、法、德语为母语的学生容易得多，这就是第一语言对第二语言的正迁移作用。由于有的汉字在日语中的意义与在汉语中的意义不同，这就又给日本学生的汉字学习带来了干扰，即负迁移。在我国的少数民族语言中，同属汉藏语系的壮语、侗语等与汉语语言特点接近，容易产生正迁移，兼通汉语相对要容易一些；而维语、哈萨克语属于与汉语不同谱系的阿尔泰语系，有丰富的形态变化，这就与汉语有较大差别，在学习过程中易产生负迁移，也就给兼通汉语带来了一定的难度。而在第一语言习得的过程中，不存在其他语言产生迁移的问题。

5）文化因素习得的不同。语言与文化有着密不可分的关系，要习得一种语言，必须习得该语言所体现的文化，首先是与语言交际紧密相关的习俗文化。儿童要成为社会的一员，要按照社会可以接受的方式去运用语言表达思想，在第一语言和文化的环境中通过交际在自然习得第一语言的同时，也自然习得文化和该社会所要求的语用规则。但是，在第二语言习得的过程中，特别是在非目的语环境中，不容易同时习得该目的语的文化。我们知道不同文化的相异之处，会造成语言理解、学习和运用中的困难。在第二语言学习过程中甚至要培养一种新的思维方式和行为方式；而先入为主的母语文化对习得中的目的语文化也会产生各种影响，这在与目的语文化差异很大的外国学习者中体现更为明显。我国各民族同属于中华民族大家庭，共同创造并沐浴着中华文化。在汉语的学习和使用中由于民族间文化差异所引起的困难要小得多。但不可否认，各民族之间在习俗文化上的差异还是不同程度地存在着。如何在学习汉语的过程中同时了解目的语的习俗文化，仍然是第二语言学习中要解决的问题。

上述五方面的不同，主要是第二语言学习与第一语言自然习得阶段的比较。第二语言的学习与第一语言"语文课"学习阶段也有很大不同，主要表现在学习的内容上。第一语言语文课的学习是在学习者已基本掌握了母语听说读写的基本技能并且在日常生活中已能熟练地运用母语的基础上进行的，主要目的除了继续提高母语的运用能力特别是读写能力以外，还要学习一定的语文基础知识，甚至学习一些文学作品，以提高学习者的思想品德、情感品质、文学修养与审美能力。而学习第二语言常常是从零开始，从练发音、学说话开始，学习最简单、最基本的日常生活会话。要通过大量的练习，培养听说读写的基本技能和交际能力。伴随语言学习所进行的文化教育等，也不能不受到学习者目的语水平的限制。

2. 第二语言教学的特点

根据以上的比较和分析，我们可以归纳一下第二语言教学的特点：

（1）以培养目的语交际能力为目标——不是让已具备语言运用能力的本族人掌握更多的语言和文化知识，而是让第二语言的学习者掌握用目的语进行听说读写交际活动的能力。

（2）以技能训练为中心，将语言知识转化为技能——语言是交际工具，掌握一种语言意味着要学会一种技能。仅仅靠老师讲授、仅仅弄懂理论知识是无法获得运用语言的能力的。技能和能力，只有通过大量的练习、反复的实践才能掌握。

（3）以基础阶段为重点——语言学习打下坚实的基础最为重要；基础阶段总是拥有最多的学习者，也最能体现第二语言教学的特点与规律。

（4）以语言对比为基础——由于存在母语的迁移作用，学习第二语言必须通过目的语与学习者母语的对比，确定教学的难点和重点，分析并纠正学习者的错误。

（5）与文化因素紧密结合——要掌握目的语必须同时掌握目的语文化，特别是与语言学习和语言交际有关的文化因素。语言教学离不开文化教学，语言教学本身就应包含运用目的语成功地进行交际所必需的文化内容。

（6）集中、强化的教学——成人学习第二语言，实际上是要在比较短的时间里完成说母语者从婴儿时期开始、一直延续到小学、中学的长期的语言学习任务，这是一种突击、强化的学习。因此，课程必须集中，课时要多，内容要密集，进度要快，班的规模相对要小。

这些特点，是别的学科的教学所不具备或不完全具备的，这就把汉语作为第二语言的教学与别的学科的教学区分开来。第二语言教学的特点，也影响到汉语作为第二语言教学基本原则等一系列问题的确定。本书以下各章将分别结合这些特点进行讨论。

三、汉语作为第二语言教学的特点

汉语作为第二语言教学，按其学习者来分，大体上有三类：一类是我国的少数民族，一类是外国人士，一类是海外华人的子女。后两类又称为对外汉语教学。三类教学各有不同特点，但又都具有汉语作为第二语言教学的共同的性质。

汉语作为第二语言教学与其他语言（如英语、日语）作为第二语言教学，有相同的规律，也有不同的特点。汉语作为第二语言教学的特点，主要是由汉语的特点所决定的。100年来特别是近50年来，汉语语言学的研究取得了很大的成果，比较深入地揭示了汉语的特点和规律，建立了汉语语言学的理论体系，也为汉语作为第二语言教学对汉语的研究提供了坚实的理论基础。

汉语作为第二语言教学中经常碰到的问题是：汉语算不算最难学的语言？在世界很多语言中，都把"汉语"一词用作"不可理解"、"高深莫测"和"困难"的同义词。美国国防学院也把汉语和日语、朝语、阿拉伯语等具有特殊书写系统的语言一起，定为对以英语为母语的学生来说最难学的"第四类语言"。他们认为，掌握这些第四类语言的听说能力的难度，是第一类语言（西班牙语、德语、法语等）的 2.5 倍到 3 倍。一种语言是否难学，只是相对而言。作为第一语言，任何一个发育正常的儿童都能在 5~7 岁以前基本掌握，不存在难易的问题。作为第二语言，就有一个与已获得的第一语言的谱系关系远近的问题。同一语系的亲属语言，共同之处多一些，相对说来容易掌握；谱系关系较远的语言，不同之处多一些，相对说来比较生疏，较难于掌握。对成年的汉语学习者来说，正确地认识汉语的特点，分析汉语作为第二语言学习有利的一面和困难的一面，对增强学习者的动力和信心、采取正确的学习方法和学习策略是非常重要的。

1. 汉语作为第二语言学习的有利因素

（1）语法方面　汉语的最大特点是没有严格意义上的形态变化，名词不用变格，动词不用按人称、性、数、时、态来变位。以"我去学校"这个句子为例，主语可以改变为你、他、她、你们、他们、我们，时间可以加上"现在"、"明天"、"昨天"等，而谓语则总是"去学校"，不需要任何变化。在很多情况下，汉语只要把词按一定的顺序排列就行，无需添加任何附加成分，形式结构简明，这样就避免了语法意义的重复表达方式和句子中的多余成分。与印欧语言那么多屈折变化相比，应该说汉语的语法规则是比较简便的。

（2）语音方面　汉语的音节结构简单，音节界限分明。汉语只有 400 多个基本音节，加上四声的区别一共也只有 1200 多个音节，这就是学习者需要掌握的全部音节，而且，汉语声、韵、调的音节组成，汉语声调的变化都有较严格的规律可循，没有不发音的哑音节，易于掌握。绝大多数的汉语词又是由单音节或双音节组成（据北京语言学院编的《现代汉语频率词典》统计，单音节词与双音节词占总词数的 85.6%），词的双音节化是总的发展趋势。与之相比，英语的单音节形式就可能有几万种，英语、俄语特别是德语的每个词的音节数都数倍于汉语。汉语语音的组成也体现了经济的特点。

(3) 词汇方面　汉语的词音节少，便于记忆；汉语词汇的结构方式以词根复合法为主，由大多数本身就能独立成词的单音节语素结合而成，词义与语素义有关，也便于记忆（如冰鞋、手套、一月）。而其他语言则没有汉语词汇的这一特点，在很多情况下都是单纯词，需要死记（如 skate、glove、January）。汉语的构词法非常灵活，与由词结合为词组的造句法基本一致，都是用偏正、并列、述宾、述补、主谓五种结构类型，组合简易。汉语常用词的覆盖率也较高于英语、俄语等。

汉语语法、语音和词汇经济简便的特点，提高了汉语使用的速度和效率。据统计，在科技文章中英语词汇字符大约是相同内容的汉语文本的二倍。在计算机时代和信息社会，汉语可能在这方面显示出比其他语言更多的优越性。同时，这种经济简便的特点，也必然给汉语学习带来有利的方便的一面，很多汉语学习者反映，初步掌握汉语口语至少不比掌握其他语言更难。

2. 汉语作为第二语言学习的难点

(1)语法方面　汉语词没有形态变化固然带来方便的一面,但对习惯于屈折变化的学习者来说，要学会一种新的语法手段来代替早已熟悉的语法手段，则比多记一些不规则的动词变化更为复杂。汉语语法重"意"而不重"形"，体现了意合为主、隐性语法关系丰富、表意灵活等特点。作为一种目的语，汉语比起外显语法规则清楚的语言应该说是比较难于掌握的。汉语的语序和虚词是表达语法关系的主要手段；词类有多功能性，因为与句法成分的关系错综复杂而不对应；双音节化的倾向影响到语法形式；句法结构中松散的主谓结构和大量的述补结构，还有像"把"字句、无标记被动句等特殊的动词谓语句，都是汉语语法的特点，对很多学习者来说也是难点。

（2）语音方面　汉语语音最大的难点在于声调。汉语是有声调的语言，声调有区别意义的作用。很多学习者的母语是非声调语言，学习者必须首先建立声调的概念。正确发出并记住每个音节固定的声调，是一项颇为艰巨的任务。母语是声调语言的学习者，也由于汉语调类和调值与其母语不同，感到正确掌握汉语声调的困难。前边提到汉语音节少的优点，但这也同时带来了过多的同音形式需要区分的困难。此外，汉语还有几组送气与不送气的辅音的区别。

（3）词汇方面　汉语有大量的同义词和近义词，有丰富的量词和语气词，大量的固定的四字成语，现代汉语中还保留了不少古汉语的词语。这些特点体现了汉语词汇的丰富多彩，也给学习者增加了词汇学习的负担。汉语的外来词中，单纯音译而又通用的（如咖啡、卢布）或译音兼巧妙地译义（如浪漫、可口可乐）不多，绝大部分都经过汉语构词法的改造：或音译加类名（如汉堡包、芭蕾舞），或部分译音、部分译义（如因特网、迷你裙），或意译（如电视、代沟），均与原文相去甚远，并未能给学习者提供很多联系其母语记忆词汇的方便。

（4）汉字　汉字是学习汉语最大的困难所在。对世界上大多数使用拼音文字的学习者来说，像汉字这种意音文字，即每个方块字基本上记录一个单音节语素的文字，是一套完全陌生的书写符号系统，难认、难记、难写。从长期的汉语教学实践来看，汉字也确实是大多数学习者学习汉语的主要障碍。

作为第二语言教学工作者和研究者，我们更需要分析汉语作为第二语言学习困难的一面，以便针对这些难点，运用语言学、心理学和教育学的理论，在教学中采取相应的措施，帮助学生克服学习中的困难。

思 考 题

1. 试分析一下"第二语言"和"外语"这两个概念有何关系?
2. 第二语言教学与母语文教学相比,有什么特点?
3. 你认为汉语作为第二语言教学有什么特点?

第二章　第二语言的学习

第二语言教学包括教师的"教"与学生的"学"两个方面。长期以来,"以教为主"、"重教轻学"的传统观念束缚着人们的教育思想。人们习惯于把教师看成是课堂活动的主宰,把教师的教学方法看成是语言学习成败的关键;只重视对教师如何教的研究,而不注意学生如何学的问题。20世纪50年代末、60年代初认知心理学的发展和强调语言习得内在因素的乔姆斯基语言学习论的提出,逐渐改变了人们的看法。人们认识到学习语言的过程并非是学习者被动接受知识、听任教师来塑造的过程,而是学习者能力、性格、主动性和创造性发挥的过程。真正决定语言教学成败的是学习者。因此,我们在研究教师的"教"以前,应该先了解学生"学"的过程与规律。

学习者是如何学会第二语言的?为什么不同的学习者第二语言学习的进度和效果很不相同?对这个问题,西方学者已提出了很多理论和假说,试图作出解释。其中一些较有影响的理论和假说从不同方面揭示了第二语言学习的某些规律。

一、对比分析假说

对比分析(Contrastive Analysis)是将两种语言的系统进行共时比较,以揭示其相同点和不同点的一种语言分析方法。

1. 对比分析对第二语言学习的解释

对比分析作为一种语言分析的方法已有久远的历史。把对比分析运用到第二语言教学中来,始于四五十年代的美国。

美国语言教学法家拉多（R. Lado）认为学习者已经形成的第一语言（母语）的习惯对第二语言学习起迁移作用：两种语言结构特征相同或相似之处产生正迁移，学习者就容易掌握；两种语言的差异则产生负迁移。第二语言学习的障碍主要来自母语的干扰，需要通过对比两种语言结构的异同来预测第二语言学习的难点和易产生的错误，以便在教学中采取强化手段，突出这些难点和重点，克服母语的干扰而建立起新的语言习惯。

对比分析假说对第二语言学习解释的理论基础完全是行为主义刺激—反应的理论，即第二语言的获得是通过刺激—反应—强化形成语言习惯的结果。这一理论成为听说法、视听法等重要的第二语言教学法，特别是句型替换操练的理论基础，对第二语言教学产生了深远的影响。但另一方面，只强调学习者通过刺激反应被动地养成一定的语言习惯，否认学习者语言习得的认知过程，忽视人的能动性和创造力，是行为主义理论的根本缺陷。它不能全面解释第一语言的习得，也同样不能完全解释第二语言的学习。

2. 对比分析在教学中的应用——"难度等级模式"

通过目的语与母语的对比预测学习者在第二语言学习中可能遇到的困难，这对第二语言教学有很大意义。很多语言教育学家制订了语言难度等级，以减少预测的主观性，便于对比分析在教学中的运用。这里介绍由普拉克特（C. Practor）提出的一种分类比较简明的"难度等级模式"。该模式将难度分为六级，从零级到五级，级数愈高难度也愈大。

（1）零级：指两种语言中相同的成分，在学习中产生正迁移，而不会发生困难。如英语和汉语都是"动词+宾语"的语序，因此以英语为第一语言或母语的学习者在学习汉语的这一结构时，没有困难。

（2）一级：在第一语言中分开的两个语言项目，在目的语中合成一项。学习者可以忽略在第一语言中两个项目的区别而逐渐习惯合并后的项目。如英语中的单数第三人称代词有 he 和 she 的区别，而汉语在读音中则不分，都读 tā。英语为第一语言的学习者在听、说汉语时，要忽略单数第三人称男性、女性的区别，而用同一个 tā。

（3）二级：第一语言中有而目的语中没有的语言项目，学生必须避免使用。如英语语音中的 [ð] [θ]，汉语中没有，英语为母语的学生学汉语要防止其介入性干扰。

（4）三级：第一语言中的某个语言项目在目的语中虽有相应的项目，但在项目的形式、分布和使用方面又有着差异，学习者必须把它作为目的语的新项目重新习得。例如汉语和英语都有被动句，但汉语中除了有标记的由"被"、"叫"、"让"等表示的被动句外，大量的则是无标记被动句，还有像"是……的"等表示被动意义的句子。以英语为第一语言的学习者学习汉语时，在其原有的英语被动式知识的基础上，必须重新认知汉语的被动句，否则就会因英语的影响而造出错句，如＊"这本书是被他买的"，或者无法理解像"茶喝了"这样的句子。

（5）四级：目的语中的某个语言项目，在其第一语言中没有相应的项目，学习者在习得这些全新的项目时会产生阻碍性干扰。如以英语为第一语言的学习者在学习汉语的声调、汉字以及语法的"把"字句及多种补语时，都会感到一定的困难。

（6）五级：与前边的一级困难正好相反，第一语言中的一个语言项目到了目的语中分成两个或两个以上的项目，需要学生克服第一语言所形成的习惯，逐项加以区别，才能在目的语中正确使用。这是本模式中难度最高的一项。如英语动词 visit，可译为汉语中的"参观"、"访问"、"看望"三个动词，各与不同的宾语组合。"参观"的宾语只能是表示场所机构的事物，"看望"的宾语只能是人，而"访问"则指人指事物均可。学生如不了解汉语的这种区别，就会受第一语言的影响，造出＊"我明天参观我老师"这样的句子来。

上述"难度等级模式"可以作为进行语言对比、预测教学难点的参考。

3. 对比分析的意义与局限

对比分析盛行于20世纪50年代和60年代,它对语言学和语言教育学的研究作出了巨大的贡献。对比分析应用于语言教学,通过目的语与学习者第一语言的对比,从两种语言的差异中发现了第一语言给第二语言教学带来的干扰,从而为第二语言教学提供了十分重要的信息:发现了学生学习的难点,揭示了教学的重点,加强了教学的针对性,便于更有效地制订大纲、设计课程、编选教材和改进课堂教学与测试。

前面已经谈到,对比分析不能全面解释第二语言的学习;对比分析作为第二语言习得的一种研究方法,也存在一些局限性。

第一,对比分析的主要观点是两种语言的相同之处产生正迁移,不同之处则产生负迁移;两种语言的差异越大,干扰越大,学习的困难也就越大。实际情况并非如此,两种语言差别大,虽然掌握起来要慢一些,但干扰反而小,掌握的准确度要大。比如印欧语系学习者在掌握另一种拼音文字时母语可能产生的干扰,在他们学习汉字时决不会存在。两种语言表面上很相似,也许掌握起来要快一些,但细微差别所产生的干扰则更大,准确度更难把握。比如母语同样是声调语言的越南学生,在掌握汉语声调方面往往不如第一次接触声调语言的某些非洲学生。语言的差异与学习者可能遇到的困难之间的关系是一个复杂的问题,二者不是简单的成正比的关系。

第二,对比分析只研究第一语言(母语)对目的语学习的迁移作用,而第二语言学习者所遇到的困难和所犯的错误并不只是来自第一语言的干扰。调查研究表明,第一语言干扰所造成的错误只占学习者全部错误的33%,而且主要集中在学习者因缺乏目的语的有关知识而较多地依赖其母语的初级阶段。到中、高级阶段,第一语言迁移所引起的错误的比例还要小。事实上,学习者困难和错误的来源是多方面的。

第三，对比分析在结构主义语言学理论的影响下，只对语言的表层结构进行对比，而且主要集中于语音、词汇、语法几个方面，没有语义、语用、话语、文化等方面的比较，因此这种对比也是不全面的。

第四，对比分析最大的问题在于把学习者看作是机械刺激的对象，不重视对学习者的研究，干脆抛开学习者，只是进行目的语和学习者母语的对比，甚至根本没有涉及学习者的实际语言表现，也未涉及到学习者的特点。

二、中介语假说与偏误分析

1. 中介语假说

美国语言学家塞林克（L. Selinker）于20世纪60年代末、70年代初提出中介语的假说，试图探索第二语言习得者在习得过程中的语言系统和习得规律。中介语是指在第二语言习得过程中，学习者通过一定的学习策略，在目的语输入的基础上所形成的一种既不同于其第一语言也不同于目的语、随着学习的进展向目的语逐渐过渡的动态的语言系统。中介语既指学习者语言发展的任何一个阶段的"静态"语言系统，可以把它看作是某一阶段的"切片"；也是指学习者从零起点到靠近目的语的语言发展轨迹，可以把它看作是各阶段相接而形成的一种连续体。

塞林克认为，中介语有以下一些特点：

（1）中介语在其发展过程中的任何一个阶段都是学习者创造的一种介于第一语言和目的语之间的独特的语言系统。它有一套自身的规律，在语音、词汇、语法等系统方面都有表现。学习者有意识地使用这套规则去生成或理解他们从未接触过的话语。中介语具有人类其他语言所具有的特点和功能，可以用作交际的工具。

（2）中介语不是固定不变的，而是一个不断变化的动态语言系统。新知识和新规则不断注入；原有的尚未学好的规则和结构也在不断修正调整。随着学习者语言水平的提高和交际需要的增长，中介语不断发展，并呈一定的阶段性，由简单到复杂、由低级到高级，逐渐离开第一语言向目的语靠拢。虽然不同的学习者其中介语的发展有很大差异，但总体看来，同一发展阶段中的中介语又有其内部一致性。

（3）塞林克把中介语的产生原因归纳为语言迁移、目的语规则的过度概括、训练造成的迁移、学习者的学习策略和交际策略等五个方面。也可以说中介语是由于学习者对目的语的规律尚未完全掌握的情况下，所作的不全面的归纳与推论而产生的语言系统。中介语中存在一定的偏误；但中介语并非都是错误的，它有正确的部分，而且正确的部分随着学习的进展不断扩大。

（4）中介语的偏误有反复性。中介语不是直线式地向目的语靠拢，而是曲折地发展。已经纠正了的偏误还可能有规律地重现。

（5）中介语的偏误有顽固性。语言中的某一部分可能会停滞不前，产生"僵化"或"化石化"的现象，特别表现在语音方面。僵化的原因是多方面的。可能是第一语言的影响无法消除；也可能是学习者意识到该偏误并不妨碍交际、甚至还得到过积极的反馈，便满足于已取得的进步而停滞不前；还可能是对目的语的某些方面形成偏见无法接受等。第二语言学习者完全达到目的语的彼岸、具有说母语者的水平的情况很少，大部分学习者可能一辈子使用的都是中介语。

中介语假说突破了行为主义的"刺激—反应"论，它不但把第二语言的获得看作是一个逐渐积累、逐步完善的连续的过程，而且看作是学习者不断通过假设—验证主动发现规律、调整修订所获得的规律，对原有的知识结构进行重组并逐渐创建目的语系统的过程。中介语理论有利于探索学习者语言系统的本质，发现第二语言习得的发展阶段，揭示第二语言的习得过程及第一语言的影响。对中介语的研究可以看作是语言习得理论特别是第二语言习得理论研究的突破口。另一方面,由于中介语假说提出的时间还不长,很多理论问题尚未解决,很多观点也未得到验证。比如对中介语的起点是学习者的第一语言的说法,就有不同的看法。

2. 偏误分析

中介语理论启发人们从因重视母语的干扰而只集中于目的语和母语的对比,转向直接研究学习者本身的语言体系,重视对学习者所产生的语言运用的错误进行系统地分析研究,从而发现第二语言的习得过程。这就标志着第二语言习得研究由对比分析发展到偏误分析。20世纪70年代在西方是偏误分析的鼎盛时期。

(1) 偏误和偏误分析

偏误分析是对学习者在第二语言习得过程中所产生的偏误进行系统地分析,研究其来源,揭示学习者的中介语体系,从而了解第二语言习得的过程与规律。

首先要说明什么是偏误。英国语言学家科德(S. P. Corder)把学习者所犯的错误分为失误和偏误两种。所谓失误是指偶然产生的口误或笔误,如本想说"甲",但临时因紧张或是疏忽说成了"乙"。这种错误没有什么规律,即使操本族语的人也常常会发生。说话者一旦意识到马上可以自己改正,以后同样的错误也不一定再次出现。由于这类错误不反映说话者的语言能力,所以不在我们讨论的范围之内(当然不等于说对失误完全可以忽视)。偏误则是指由于目的语掌握不好而产生的一种规律性错误,它偏离了目的语的轨道,反映了说话者的语言能力和水准。比如以汉语为母语的人学习英语,常常忘记第三人称单数一般现在时动词后边要加"s",这类错误一般学习者自己难以察觉,也不易改正,同一错误会多次重复出现。这类规律性的偏误正是中介语特征的反映,是偏误分析要研究的主要内容。

(2) 偏误的来源

第二语言学习者偏误的来源是多方面的,是由多方面因素造成的。这里就母语负迁移、目的语知识负迁移、文化因素负迁移、学习策略和交际策略的影响、学习环境的影响等五个主要方面做一简略分析。

1) 母语负迁移。学习者不熟悉目的语规则的情况下，只能依赖母语知识，因而同一母语背景的学习者往往出现同类性质的偏误。对初学者来说，这是其偏误产生的主要原因之一。母语负迁移又特别体现在目的语语音的学习中，用学习者第一语言的语音规律代替目的语的语音规律是中介语语音的一大特色。如很多母语为印欧语系或阿尔泰语系语言的学生不分送气音与不送气音，日本学生不分 p 和 f，一些东欧国家的学习者常把"ying"发成"yin^+g"等，都是受其第一语言的影响。维吾尔语、哈萨克语中没有复合元音，学生读汉语音节时常漏音。

第一语言在词汇和语法方面对第二语言的干扰也是非常明显的。下面是以英语为第一语言的学习者偏误的例子：

＊那个鸡很胖。
(fat 在英语中既可用于指人，也可用于指动物或肉类)
＊阿里在哪儿？——我不会。
(to know 可以译为"知道"和"会")
＊他唱歌很好和他跳舞也很好。
(and 可以连接两个句子或分句)
＊他想结婚她。
(to marry 是及物动词)
＊请你把这本书送到王老师。
(send to 后边可以接指人的名词或代词)
＊你应该不走那么快。
(英语带情态动词的句子，否定词放在情态动词之后)

这部分偏误也是对比分析研究的内容，在偏误分析中对比分析仍有用武之地。

2) 目的语知识负迁移。学习者把他所学的有限的、不充分的目的语知识，用类推的办法不适当地套用在目的语新的语言现象上，造成了偏误，也称为过度概括（over-generalization）或过度泛化。这类偏误一般在其母语中找不到根源，而且不同母语背景的学习者常常出现同样的偏误。如果说由于母语负迁移所造成的偏误在学习的初级阶段占优势，到中级阶段或高级阶段目的语知识负迁移造成的偏误就逐渐占了优势，这是学习者内化规则过程中所产生的偏误。表现在语音方面，如学习汉语第三声声调先降后升是学习者的一大难点，但在实际运用中读完整的第三声的机会并不多，在绝大多数情况下第三声都要变调；而学习者在看到第三声调号时，常常念出或说出的却是他们经过很大努力才掌握的全三声。再如字母ü在ju、qu、xu、yu等音节的拼写中，上边的两点要省去，学习者常常把这些音节中省去两点的ü读成u。这些都是语音方面过度泛化的偏误。

　　词汇和语法方面的目的语知识负迁移所造成的偏误也大量存在，仍举以英语为第一语言的学习者的例子：

　　*我们每天两小时学习。

　　（"两小时"应为时量补语，此处为状语的过度泛化）

　　*我决定下周回去美国。

　　（带趋向补语的动词，其宾语如不能因动作而移动位置则必须放在动词与趋向补语之间，此处为趋向补语的过度泛化）

　　*他做练习做得很马马虎虎。

　　（形容词重叠后不能再用"很"修饰，此处为副词"很"的过度泛化）

　　*他正在看看电视呢。

　　（表进行态的动词不能再重叠，此处为动词重叠的过度泛化）

　　*这个天大家都休息。

　　（"天"前边不需用量词，此处为量词的过度泛化）

　　以上例句所涉及到的语法现象，如状语在所修饰的动词之前、动词＋趋向补语再带宾语、形容词重叠、动词重叠、名词前加量词等，都不是英语中所有的，而是学到的新的汉语语法规则。学习者不适当地使用这些新学的规则,过度泛化造成偏误。这类目的语知识负迁移是对比分析所未曾考虑到的。解决这类新问题正是偏误分析的独特作用。

3) 文化因素负迁移。有的偏误不完全是语言本身的问题,而是由于文化差异造成语言形式上的偏误,或是语言使用上的偏误。究其原因,不外是受本民族文化的影响,或是由于未能正确理解目的语文化所造成的。比如外国学生有的不了解中国汉族人的姓名是姓在前名在后,按本民族的习惯把中国人的名误认为是姓,可能称一位叫张大年的中国人为"年先生",或者为了表示亲密而直呼其名叫他"张"。这类由于文化因素所造成的偏误,常常是语用的偏误,也是对比分析所从未涉及到的。

4) 学习策略和交际策略的影响。学习者作为语言学习和语言交际的主体,不论是在学习语言的过程中或是在运用语言的过程中,都以积极的主动参与态度为克服困难、达到有效学习和顺利交际的目的采取各种计划和措施,这分别表现为学习策略和交际策略。对学习者学习策略和交际策略的研究是第二语言习得研究的一个重要课题,在本节中只是从偏误分析的角度对可能成为偏误来源的某些学习策略和交际策略作一说明。

造成偏误的学习策略主要有迁移、过度泛化和简化。迁移主要指学习者在遇到困难的情况下求助于已知的第一语言知识去理解并运用目的语,有可能由此而产生偏误;过度泛化主要指学习者采用推理的方法,把新获得的目的语知识不适当地扩大使用而造成偏误。这两类偏误实际上就是前边已经提到的母语负迁移和目的语知识负迁移。简化的策略常常指学习者故意减少他们认为的目的语的冗余部分,或者将带状语、定语成分的复杂句子,分成几个简单的句子。比如:

* 他气得不说话。

(应为"连话也说不出来了")

* 他不高兴了,他走了。

(应为"他不高兴地走了")
*她到学校了,她穿了新衣服。
(应为"她穿着新衣服到学校了")

造成偏误的交际策略很多(下一节将详细介绍),这里重点提一下回避和语言转换。回避是第二语言学习者经常采用的策略,在对某一语音、词汇或句式甚至某一话题感到没有把握时,就尽量避免使用。回避的方法可能是保持沉默不愿开口,但更多则是采取代替的办法,以简单的句式代替复杂的句式。如尽量不用"把"字句,不说"请把你的衣服给我",而说"*请给我你的衣服"。尽量不用可能补语,如不说"太多了,我吃不下",而说"*太多了,我不能吃"。代替的结果不仅不能准确地表达原来的意思,而且说出的句子也不地道。语言转换是指学习者觉得无法用目的语说清楚时,就借助于第一语言,在目的语中夹杂一两个第一语言的词,特别是当学习者知道教师或对话者也懂他的第一语言时,就更容易采取这一策略。这种夹杂着其他语言的句子也是一种偏误。

5)学习环境的影响。除了上面所谈的属于学习者方面的因素外,外部因素也是偏误产生的原因之一。这里所说的学习环境的不良影响,主要指教师不够严密的解释和引导、甚至不正确的示范,教材的科学性不强或编排不当,课堂训练的偏差等。以语音为例,汉语的音节 bo、po、mo、fo 的实际读音分别应是 [pwo]、[p'wo]、[mwo]、[fwo],如果教材中没有说明,教师在课堂中又不适当地提醒,学习者很难学会正确的发音。很多语法点、句型也常常由于课堂训练不当而引起偏误。比如有的教师常要求学生反复进行把非"把"字句改成"把"字句(或者相反)的练习,这种脱离语境的句式变来变去,给学生的印象是用不用"把"字句所表达的意思一样,所以学生对待"把"字句常常采取回避的策略。

外部因素所造成的学习中的偏误,有的是由于我们对一些

"老大难"问题特别是语法问题的研究至今尚未取得令人满意的结果，因此不论在教材中或是教师在课堂上，目前还无法把它解释得更科学、更透彻。也有一些是属于教材编者或教师的态度问题。比如有的教材粗制滥造、漏洞太多，也有的教师面对学生的提问怕丢面子，在没有充分把握的情况下轻率地给以答复，这些都形成了对学习者不利的学习环境，成为偏误的来源之一。

（3）对待偏误的态度

在如何对待学习者的偏误问题上，一直存在两种截然相反的观点。一种是完全从消极方面看待偏误。行为主义认为学习者必须通过对正确形式的强化来养成正确的语言习惯，而偏误对形成正确的语言习惯是极其有害的，必须避免出现偏误。对已出现的偏误则有偏必纠，一个也不能放过，以免养成错误的习惯。因此，像直接法、听说法等教学法，对待学生的偏误非常严格，在课堂教学中紧紧抓住学生的偏误不放，把纠正偏误作为教学的重要环节，千方百计将偏误消灭在萌芽状态之中。另一种观点如内在论则认为偏误是走向完善的路标，是学习过程中必然出现、也会自然消失的现象，就像儿童习得母语那样，到一定时候偏误就会自动克服，因此任何偏误都可以听之任之不必纠正。交际教学法为了鼓励学生大胆表达，对学生的偏误也采取能不纠就不纠的态度。这是两个极端。中介语理论和偏误分析启示我们如何正确对待学习者的偏误。

1）对偏误的本质要有全面的认识。首先要看到偏误的积极意义，不应像对比分析那样认为偏误是由于学习者无法控制的第一语言习惯的顽强表现，把偏误看作是学习上的失败表现，是坏事；而应看作是学习者尝试过程的反映。根据中介语理论，第二语言学习者在不断地、主动积极地建构目的语规则体系。跟儿童习得母语一样，也是根据所接触到的语言输入，采取种种学习策略和交际策略，对目的语的规则作出假设并检验其正确性。当学习者的假设与目的语的体系相符时，就形成了中介语中正确的部分，当其假设与目的语体系不符时，就出现了偏误并成为中介语中错误的部分而被学习者所抛弃。因此，偏误的出现是学习过程中的正常现象，对学习者目的语系统的形成不仅是无法避免的，而且也是十分必要的。偏误反映了学习者的目的语体系即中介语的发展过程，同时也反映了学习者的学习心理过程。

其次，对偏误在交际中所产生的影响也要有实事求是的估计。对一般的第二语言学习者来说，所追求的应该是成功的、但不一定是完美的交际。前面已经谈到许多第二语言学习者可能一辈子都使用带有偏误的中介语进行交际，而且在大部分情况下是成功的交际。这固然是由于我们已经谈过的语言交际中双方相互接近和文化求同趋向，同时也说明并非所有的偏误都会对交际中的信息传达和理解产生阻碍性的影响。比如，词汇方面的偏误就比语法方面的偏误对交际的影响大；个别语音偏误对交际的影响最小，但全面性的语音和声调的偏误可能影响到信息的传达，使交际无法进行；整体性偏误比局部性偏误的影响更大。偏误的严重性不能只根据对孤零零的句子做语言学上的分析来判断，更要看到它在一定的语言环境中所起的作用，语言环境常常有利于减小偏误的影响。很多研究表明，话语缺乏流利程度对交际的影响，可能比某些偏误还要大。

因此，对偏误的正确看法应当是：偏误是第二语言习得中必然有的现象，是正常的现象，伴随习得过程的始终。学习者正是通过不断地克服偏误学会语言的。教师对学生的语言偏误，既无须视为大敌，也不应过分挑剔；重要的是鼓励学习者积极进行语言交际，不要因怕犯错误而不敢大胆地运用语言。另一方面，强调偏误的不可避免性和它对认识习得过程的意义，强调实事求是地评价偏误对交际的影响，并不意味着教师对学习者的偏误可以采取不闻不问的态度，恰恰相反，教师有责任帮助学习者改正偏误。根据中介语理论，并非所有的偏误都会自行消失，有些偏误可能产生僵化的现象。因此教师纠正学习者的偏误能加速中介语的发展，促进第二语言学习的过程。而且，绝大多数学习者是希望自己的偏误得到纠正的。

2) 利用对比分析和偏误分析，教师预先了解学习者可能产生的偏误及偏误的来源，以便在教学过程中掌握主动；从一开始就提供正确的示范，让学习者正确地模仿、记忆和运用并帮助学习者克服偏误。在对偏误的预测和研究方面，不论是偏误分析还是对比分析都能起到很大的作用。

3) 纠正学习者的偏误，既不能采取不分青红皂白有错必纠的机械态度，也不宜采取能不纠就不纠的过分宽容态度，而是首先要对偏误的性质进行分析：是整体性偏误还是局部性偏误；是理解的偏误还是表达的偏误，是口语中的偏误还是书面语的偏误，以区分轻重缓急。同时还要看偏误发生的场合，采取不同的纠正方式：在对语言形式进行训练时（如语音、词汇、句型等操练），不论是语音的还是词汇、语法的偏误都应从严纠正；在进行交际性练习时（如演讲、对话等），则应避免当场纠错，影响学习者的交际活动。可以把偏误记录下来，事后再给学习者指出。总之，纠正偏误方法要得当，不要挫伤学习者的积极性，不要因纠错而造成紧张的心理，更不能伤了学习者的自尊心。最好的办法是启发学生自己发现并改正偏误。

（4）偏误分析的意义与局限

偏误分析作为一种理论和研究方法，在第二语言习得研究中具有很大意义。

1) 偏误分析是对比分析的继承和发展。在中介语理论影响下，突破了对比分析只强调第一语言干扰的局限，指出过度泛化等语内干扰以及学习策略、交际策略和学习环境所造成的偏误，弥补了对比分析的不足，全面分析学习者偏误及其来源并形成一套科学的偏误分析方法与程序，成为第二语言习得研究中的重要部分。

2) 偏误分析改变了人们对语言学习过程中所出现的偏误本质的认识。从把偏误看成是需要防范、避免的消极因素，发展到强调偏误的积极意义，把偏误看成是了解第二语言习得过程和习得规律的窗口，把偏误分析看成是中介语研究的重要手段。

3）偏误分析对习得过程和习得规律的研究丰富了第二语言教学理论，促进了第二语言教学的发展；偏误分析的具体研究成果对整个教学活动包括总体设计、课堂教学、教材编写和测试提供了积极的反馈和依据，有利于教学实践的改进与提高。

偏误分析也同时存在着一些局限性：

1）正确与偏误的区分标准很难确定。人们一般都是以目的语国家说本族语者规范的语言为标准。从课堂教学的要求来看，这是可以理解的。但用来作为鉴别交际中使用语言正误的标准，则会遇到各种难以解决的复杂情况。首先，根据社会语言学的观点，语言在实际运用中会产生很多变体，这在其使用的地区常常是合法的、有效的，很难区分正误。其次，学习者学习第二语言的目的也是不同的，并非所有的人都希望达到电台播音员的水平。

2）从目前对各种偏误的研究情况来看，还很不平衡。对语音、语法、词汇方面的规则研究较充分，偏误也易于辨认，这方面的偏误分析较多。而对语用和文化方面规则的研究则远远不够，这方面的偏误分析也做得很少。对语言表达的偏误分析研究较多，对语言理解的偏误则研究较少。特别是对于学习者由于采取一定的交际策略（如回避）而造成的偏误，则研究更少。研究少的原因主要还是这方面的理论探讨不够，具体进行偏误分析难度较大。

3）对偏误来源的分析本是偏误分析的一大特点。但这方面的研究并未深入下去，陷于公式化，硬套上述五个来源，对指导教学与学习实践意义不大。另一方面偏误来源的问题本身也较复杂，有时是多方面因素同时作用的结果，难以定为某一种来源；有的则是来源本来就很模糊难以说清。而且像人们习惯使用的迁移、泛化、简化等概念都有交叉，很难明确区分。

4）偏误分析的最大弱点在于只研究中介语的偏误部分，而且是横切面式的静态分析，并未研究中介语的正确部分。其结果，只能了解学习者未掌握的部分,而不能了解学习者已掌握的部分。这就割裂了中介语体系,看不到中介语的全貌及其动态的发展轨迹。这种对中介语的研究是不全面的,也无法完整地了解第二语言习得过程。

偏误分析存在局限性并不意味着它的消亡,而是促使它融入到对中介语进行更全面的分析之中,从而揭示中介语的发展轨迹。

三、输入假说

从20世纪70年代末开始,美国语言教育家克拉申(S·Krashen)对第二语言习得提出了一系列假说。1985年在其著作《输入假说:理论与启示》中正式归纳为习得与学习假说、自然顺序假说、监控假说、输入假说和情感过滤假说等五个系列假说,总称为输入假说。这一理论被认为是第二语言习得研究中论述最全面、影响最大的理论,但同时也是引起很多争议的理论。

1. 习得与学习假说

克拉申认为成人有两种截然不同的获得第二语言的方法。一种是习得,即潜意识的、日常的、暗含的学习,这是儿童自然获得第一语言的方法;另一种方法是有意识的语言学习,这是明确的、正规的、从语言学方面理解并掌握语言,一般在语言课堂上看到的就是这种学习。值得注意的是克拉申认为习得是首要的,远比我们想象的要重要,而学习实际上是辅助性的;通过学习获得的语言无法成为目的语习得的基础,也不能用来自然地表达思想,在交际中流利地运用第二语言只能靠习得。

习得与学习假说是克拉申输入理论的基础。上文已谈到,我们认为区分学习与习得两种学习途径在第二语言教育中有重要意义。但是也有很多学者不同意这一区分。克拉申过分强调潜意识的习得在成人第二语言获得中的作用,而贬低有意识的、特别是课堂学习的作用,更引起很多人的反对。教育实践证明,在课堂学习中获得的语言知识经过反复练习,也可以变成自动的行为,或者说潜意识的行为,同样能运用于交际活动中。

2. 自然顺序假说

克拉申认为人们习得语言规则有一个可以预测的共同顺序:有的先习得,有的后习得。克拉申通过实验得出习得作为第二语言的英语语素有一个固定顺序的结论,这一顺序不受学习者母语和年龄影响,称为自然顺序。克拉申于1982年列出的九项英语语素习得自然顺序如下:

第一组:现在进行时的词素-ing;
　　　　表示复数的-s;
　　　　系动词 to be (He is big);
第二组:助动词 to be (He is running);
　　　　冠词 the, a;
第三组:不规则的动词过去时态 (went);
第四组:规则的动词过去时态-ed;
　　　　一般现在时态第三人称动词单数-s;
　　　　名词所有格词尾-s (the girl's food)。

3. 监控假说

这一假说与习得和学习假说紧密相关。克拉申认为,与习得和学习分别相联系,人的头脑中有两个独立的语言系统,一是潜意识的系统,一是有意识的系统,而且两个系统似乎存在于大脑的不同部位。流利地运用第二语言靠习得,交际中使用的输出的话语是由潜意识的习得系统引起或"驱动"的。通过学习所获得的有意识的系统语言知识和规则,并不能使学习者表达得更为流利。有意识的系统在言语行为中只有一项功能,即只能作为一个监督者、一个编辑,起监控(monitor)的作用,对输出的言语形式进行检查和控制(注意:学习只是对表达有这一作用,对理解则不起作用)。这种监控可能在说话前,也可能在说话同时甚至是说话之后进行校正。克拉申强调这种监控只是很小的纠正,是微调，是为了让说话显得更加完善。这种监控对交际不是很重要。即使实现这种不重要的监控作用，也要具备以下条件，即①要有时间。正常交际的谈话中，不可能老在思考规则，让对方等待或者错过对方说的话。在争辩或讨论中，更没有时间来监控。②要注重形式，如果在做语法练习或字斟句酌地推敲文章，专注于语言形式，可能有较多的监控。但在谈论或写有意思的话题时，即使有充分的时间也不会想到语言的规则，想的只是要说些什么而不是如何去说。③性格的影响。有的人谨慎，害怕犯错误，自我意识强，说话多考虑；有的人大大咧咧，很少管住自己的嘴，监控也就起不了作用。④要知道规则。小孩不知道规则，无法监控；成人作为第二语言学习者，知道的规则特别是能记住且随时运用的规则也不会太多。所以，符合上述条件而实现监控的情况并不是很多。而且根据对成人的研究，如果交际中专注于语言形式，会延长 30% 的时间并减少 14% 的信息传递，这将会严重地影响到会话交际。

在监控假说中，克拉申仍强调习得是主要的，学习是辅助性的这一有争议的观点。在克拉申看来，学习所获得的知识能起的监控作用是十分有限的。而且随着研究的进展，他认为可能这些有限的功能也会显得越来越小。因此，语言教学的重心应是交际，而不是规则的学习。

4. 输入假说

克拉申认为这是第二语言研究中最有意义的假说，是用来回答人们是怎样习得语言这个问题的。这一假说有以下几层意思：第一，克拉申认为人类获得语言的唯一方式是对信息的理解，也就是通过吸收可理解的输入习得语言知识。人们的注意力集中在输入的信息本身，而不是语言形式上。当他们理解了输入的信息，并且让输入多少包括一点超过他们能力的语言时，语言结构也就习得了，语言结构也是在自然的语言交际过程中习得的。如果信息（像课堂教学中有时出现的那样）没有意义，或者由于某种原因学习者不理解，就不可能产生学习效果。第二，输入的语言信息既不要过难也不要过易，克拉申用"i+1"来表示。i 代表学习者目前的语言水平，也就是在自然顺序上所处的某一阶段。i+1 则是下一阶段应达到的语言结构的水平，即稍稍高出他目前的语言水平，让他通过上下文、一定的语境或借助于图片、教具等非语言手段，来理解 i+1 的信息，从而也就习得了该信息所包含的下一阶段的语言结构。教师无须先教下一阶段的语言结构后再让学习者去理解。输入的语言水平应控制在 i+1 程度上，因为 i+2 学习者难以理解，i+0 则无法发展其语言能力。最好的 i+1 的可理解输入是妈妈或保姆对孩子讲的话（妈妈语），用简化的代码既让孩子听懂，又能不断地提高难度。对成人来说，也有帮助他们习得第二语言的简化的代码，这就是"教师的语言"、本族人与学习自己母语的人交谈时使用的语言，以及第二语言习得者之间的交际语言"中介语"。这些语言的使用都是为了交际，目的是信息而不是语言形式，其形式特点都是句子短、语法比较简单、语域较窄，体现 i+1。第三，克拉申强调听力活动对语言习得最为重要，语言习得是通过听力理解来实现的，而不是通过"说"获得的，"说"常常是没有必要的，过早地说甚至是有害的。他举出的例证是有些儿童在第二语言的新环境中生活，常有很长一段时间保持沉默。他们是在利用可理解的输入通过听来形成自己的理解能力，一旦有了理解能力，他们就开口说话了。他认为不需要教学习者如何说话，教说话的最好办法是给他可理解的输入。他还反复强调口语能力会自然而然地形成。

克拉申的输入假说强调听力理解的重要性，特别是可理解的输入在语言获得中的重要作用，是很有意义的。他提出的 i+1 公式对教学也有很大的指导作用。但这一公式存在不可确定性。他认为"说"的教学没有必要，只要给学生可理解的输入，一旦水到渠成，学习者能自然地学会说话。这一观点很难为有实际教学经验的教师们所认同。

5. 情感过滤假说

情感过滤假说也称屏蔽效应假说。第二语言学习者在学习和生活中有各种各样接触目的语的机会,这都是输入。但输入的语言信息有时并没有被吸收,即使最容易的、已经理解了的输入也不总是被吸收。第二语言课堂学习也总是输入大于吸收。人类头脑中这种对语言的堵塞现象,是由于情感对输入的信息起了过滤作用,称为"情感过滤",或者说成为把输入挡在外边的屏障。而造成这种过滤或屏障的主要是一些心理因素,如学习的动力,对所学语言的态度,自信心,是否紧张焦虑,是否处于防卫状态,怕出丑,甚至精神和身体状况不佳都能产生屏蔽效应,挡住输入。这是对第二语言习得有深远意义的假说。

总结以上五个假说,克拉申认为第二语言习得的实现,主要决定于两个方面:一是习得者必须听懂可理解的输入,二是习得者在情感上必须对输入采取开放、接受的态度。可理解的输入是不可缺少的,但仅仅有它还不够,还需要降低屏蔽效应。可理解的输入加上低屏蔽效应、低焦虑环境,就一定能习得第二语言。这是克拉申提出的第二语言习得的基本原则。

四、普遍语法假说

这是在著名的美国语言学家乔姆斯基(N. Chomsky)于 20 世纪 80 年代初提出的"普遍语法"理论基础上对第二语言获得所做的解释。乔氏认为人的先天的"语言习得机制"在获得语言的过程中起决定性的作用。"语言习得机制"包括两个部分:一部分是以待定的参数形式出现的、人类语言所普遍具有的语言原则,又称"普遍语法"。如任何语言都有中心语和修饰语,但中心语在前还是修饰语在前,这一语言参数值是未定的。"语言习得机制"的第二部分是评价语言信息的能力,也就是对所接触到的实际语言信息(对儿童来说首先是其第一语言)确定其语言参数值。如儿童接触到汉语的中心语和定语的语言材料时,最后的定值应该是"+定语在中心语之前"。这是一个运用普遍语法和评价能力不断假设—验证、不断积累的过程,直到形成儿童对其第一语言内化了的规则系统。

有研究表明,在第二语言习得中普遍语法仍起作用。成人接触到第二语言时,仍运用语言习得机制和普遍语法的原则,对已建立的第一语言的参数重新定值。学习的初期往往采用第一语言的参数值,所以初期体现第一语言规则及偏误。接触到更多的第二语言之后,逐渐把第一语言的参数值进行调整或重建。如越南学习者在习得其母语时已将参数值定为"+定语在中心语之后",在学习汉语的初期经常发生定语在后的偏误。但后来参数值调整为"+定语在中心语之前",习得了汉语的这一结构。有的学者还引用一些现象来支持这一观点:①第二语言学习者常出现各种错误,但这些错仍有规律可循,是在普遍语法允许的范围之内,如定语在前在后、状语在前在后、"了"与过去时等,并未出现所谓"野语法"。②学习者的有关第二语言的知识,并非全部来自他们所看到或听到的语言材料,也不是接触一句学一句,这些知识还是从普遍语法中来的。

有的实验则表明语言参数不能二次定值。儿童习得第一语言是利用大脑中先天的语言功能体系(普遍语法),因此儿童能极其自然地、本能地学会第一语言。但人过了青春发育期以后,左右脑分工,这时大脑中的推理思维功能体系有了发展,成年人学习第二语言时就不再是先天的语言功能体系起作用,而是大脑中的推理思维功能体系在起作用,是一种像学习数学、物理那样的有意识的学习。持这种观点的学者也引用一些现象来支持这一观点:①正常儿童都能掌握第一语言,而成人学习第二语言的成功率极低,很难达到说母语者的水平。②成年人学习第二语言受情感因素的影响,幼儿则不受这一影响。③成人学习第二语言,即使年龄、环境条件都相同,也会有的学得快、有的学得不快,表现出很大的差别；儿童即使所处的环境不同，他们之间的进步也没有大的差别。

尽管对普遍语法理论解释第二语言习得还有不同的看法，但自 20 世纪 80 年代中期以来普遍语法理论对第二语言习得研究起了很大的推动作用。以语言原则参数理论为基础的第二语言习得研究，已成为近几年来第二语言习得研究的主流，并将成为今后一个重要发展趋势。

思 考 题

1. 运用对比分析理论分析一下你或你的学生在学习汉语过程中的几个最大难点。
2. 举出你的学生所产生的偏误，并分析偏误的来源。
3. 你对输入假说有何评价？

第三章　第二语言教学的主体

现代教育理论强调第二语言教学的主体是学生，而教师则起着不可缺少的主导作用。第二语言教师应该加深对教学活动的主体、也就是自己的教学对象——学生的认识。除了要了解学生的学习过程及其普遍的规律外；还要研究学习者各自不同的个体因素，掌握每个学生学习的特殊规律。只有这样，才能更好地发挥教师在教学中的主导作用。

第二语言学习有普遍规律，同时学习者又表现出很多个体因素的特点。如果说在第一语言习得中儿童语言发展的快慢有所不同，但都经历相同的阶段，并且在一定时间内（5岁左右）都能基本上获得各自的第一语言，那么第二语言学习即使是相同年龄、在同一教室的学习者之间，也表现出明显的差异。这种差异可以说是千差万别、因人而异，直接影响到学习的成绩和最终是否能获得第二语言。因此，只有充分地研究学习者的个体因素，才能真正了解第二语言的学习过程和规律，对教师来说也才能针对学习者的特点，采取有效的教学措施。

所谓学习者的个体因素，指第二语言学习者个体在学习过程中表现出的、对第二语言学习产生一定影响的生理、认知、情感等方面的特点。

一、学习者的生理因素

与语言习得有关的生理因素主要是年龄。年龄对第二语言学习的影响是一个至今仍未很好解决、仍有争议的十分复杂的问题。

有一种语言习得"关键期"假说认为：从2岁至5岁或者12岁青春期开始前，是人的大脑语言功能向左半球侧化的过程。这一时期左脑、右脑都能参与语言的习得；发音器官及肌肉也正处于成长发育阶段，可塑性较大，因此语言学习能力很强。儿童不仅能自然地习得其第一语言（母语），而且这一时期也是学习第二语言的最佳年龄段，能学会第二语言。一旦大脑语言功能侧化完成就难以获得第二语言，因此儿童学习第二语言比成人的成功率大，在语音和口语方面具有优势。过了关键期，成年人学习第二语言就比儿童速度慢，成功率降低，母语的口音难以克服（有的调查发现只有6%～8%的成人第二语言学习者能不带母语口音），这说明成人第二语言学习很难达到说母语者的水平。西方学者的很多实验支持这一观点，但同时也有不少人反对。很多学者认为儿童母语的习得也并非像人们所认为的那么快、那么容易。儿童是用数以万计的小时接触母语的情况下，才学会母语的口语，而且也没有习得全部语法结构，所掌握的词汇更是有限。如果成人也能用这么多时间学习第二语言，其学习效果未必不如儿童。而且，儿童运用目的语所要解决的交际任务比成人要简单得多；对儿童语言交际能力的要求也比对成人的要求低得多。即使是人们普遍认为的儿童在第二语言语音习得方面具有优势，也有实验得出与之相反的结论。因此，至今关键期仍是未被证实的假说。

较多学者认为：

第一，年龄对第二语言习得的影响是存在的，不同年龄的第二语言学习者在第二语言习得方面具有不同的优势。儿童和少年模仿能力强，短时记忆力强，学习更灵活，敢于表现自己，善于在一定的语言环境中自然而有效地习得语言，因此在获得准确、地道的语音和流利的口语方面占有优势；而他们理解、分析能力和已取得的学习经验则比不上成年人，特别是在词法和句法规则的理解方面要弱一些。成年人的自我意识增强，不愿意表现自己，不善于自然习得的方式，模仿能力和记忆能力下降，在语音和口语的掌握方面困难要大一些；但由于理解和联想能力强，长于规则的学习，在句法和词汇的学习方面，在阅读理解和写作方面，特别是对较难的语言内容的理解和掌握上占有优势。因而有人认为，如果说有关键期的话，也是不同的言语技能有不同的关键期。有的关键期较短，结束于青春期前；有的则很长，能持续终生。

第二，正是由于个体差异的存在，学习者的生理、心理特点不一样，因此很难确定适合所有人的最佳的第二语言习得年龄段。也不宜孤立地看待年龄因素，而是要结合认知、情感等因素作综合分析研究。

第三，教师应根据不同年龄学习者的特点，采取不同的教学方法，发挥学习者的优势，克服其弱点，以达到较理想的教学和学习效果。

二、学习者的认知因素

1. 语言学能

在教学中往往出现这样的情况：有的学生其他科目学得很好，但学另外一种语言却十分吃力。这说明第二语言学习需要一些特殊的素质。这种学习第二语言所需要的特殊认知素质叫做第二语言学习的能力倾向，也称语言学能。一般的智商测验不能准确地预测语言学能，专门用来测量语言学能的是语言学能测验。有影响的语言学能测验有三种，即由卡罗尔（J. Carroll）和萨彭（S. Sapon）于1959年编制的《现代语言学能考试》和1967年编制的《初级现代语言学能考试》以及由平斯勒（P. Pimsleur）于1966年编制的《语言学能考试》。

语言学能测验，根据卡罗尔的观点，主要考查四种能力。这种测验常采用一种人们不熟悉的语言或干脆是人造语言来进行。

（1）语音编码解码能力。主要指识别语音成分并保持记忆的能力。常采用对一种新的语言从声音辨认符号或从符号辨别声音的试题。

（2）语法敏感性。指识别母语句法结构和语法功能的能力。如在试题的句子中找出与例句中某一成分具有相同语法功能的词。

（3）强记能力。在较短时间里能迅速记住大量语言材料的能力，特别是强记大量新语言生词的能力。通过与之意义相配的母语单词来检查记忆是否正确。

（4）归纳能力。从不熟悉的新语言的素材中归纳句型和其他语言规则的能力。

尽管还存在不少争议，但根据目前对语言学能的研究情况，很多西方学者持有如下看法：

（1）语言学能是可以分析的。上述四种能力是学习第二语言所必需的特殊能力。

（2）第二语言学习者不同程度地具备这些能力。有的辨音能力强，有的语法感强，也有的善于强记或者善于归纳，因而也出现了学能方面的个体差异。

（3）语言学能的差异影响到第二语言习得的速度。但学能另一方面的优势可以克服这一方面的不足，而且学能不足的方面，也能通过训练或学习的实践不断改善。

学能测验的具体设计，显然是受20世纪50年代、60年代最为流行的听说法教学的影响，强调对语言形式的掌握，特别是听说能力的培养。今天无论对语言习得过程还是对语言教学过程的研究都更为深入，语言习得理论和语言教学理论也在不断深化。因此对语言学能的理解已不仅限于掌握语法结构的语法能力，还要考虑到在一定的社会文化环境中运用语言进行交际的能力；不仅仅限于认知因素，还要结合学习者的情感因素。可见现在我们对语言学能的理解和描述还不能算是全面的。这是今天设计新的学能测验所面临的新课题。在我国，对测试汉语学习者学能的研究尚未进行。随着汉语教学的不断发展，这一课题的研究也应提到日程上来。

2. 学习策略和交际策略

学习策略是语言学习者为有效地掌握语言规则系统，发展言语技能和语言交际能力，解决学习过程中所遇到的问题而采取的各种计划、途径、步骤、方法、技巧和调节措施。研究发现，不同学习者所采用的学习策略有很大的一致性和规律性。探讨学习策略的规律性有利于深入了解第二语言习得过程，同时对教学实践也有启发意义。

学习策略大体上可分为认知学习策略和元认知策略两大类。认知学习策略实际上是直接影响到第二语言学习的一般性策略。根据最早研究学习策略的茹宾（J. Rubin）所提出的六种认知学习策略，可以概括为以下几个方面：

（1）求解。学习者对所接触到的新语言材料首先必须理解，往往是通过已有的语言知识和具体的语言情境进行猜测，并通过各种办法（如要求对话者或教师举例说明、解释或重复）证实其所做的假设。

（2）推理。学习者通过原有的知识（包括第一语言知识）以及新获得的语言知识，进行概括推理或演绎推理以及分析、归纳等思维活动，以内化规则。在这一过程中可能采取会导致偏误的迁移、过度泛化和简化等具体策略。

（3）实践。学习者通过大量练习或言语交际活动，从模仿、重复、记忆到运用，以熟练地掌握目的语。

（4）记忆。学习一种语言离不开记忆，不论用何种方法（记笔记、朗读、复述、比较、组织、复习等），学习者必须记住所学的规则和语言材料。

（5）监控。学习者发现自己的语言方面或交际方面的错误并加以纠正。

元认知策略就是学习者通过计划、监控和评估等方式对自己的认知过程进行反思和研究，进行自我监控和调节，以保证学习活动的成功。如学习者通过学习成绩的反馈发现自己学习方法的问题，通过与其他人学习策略和学习结果的对比，发现相互之间的差异，从而取长补短提高自己的学习效率。元认知策略可以概括为以下几个方面：

（1）计划。根据认知活动的性质、任务和应达到的目标制定活动计划，确定认知策略。如预先了解教材的内容，确定注意的重点并进行预先演练。

（2）监控。不论是听读或说写都做到自我监控，注意理解和表达是否正确。

（3）评估。根据反馈的信息，自我检查和评估学习策略的运用和学习的成绩、效果。

（4）调节。根据评估结果，调节学习策略和学习进度，对已出现的问题提出弥补措施。

除了上述对学习策略产生影响的认知学习策略和元认知策略以外，还有对其产生间接影响的交际策略。交际策略是学习者为顺利进行语言交际活动（即理解对话者的意图和表达自己的意思）有意识采取的计划措施或方法技巧，是语言使用者交际能力的一部分。西方学者认为一般是在交际中遇到困难，如语言知识不能应付交际需要或缺乏某一特定的语言表达手段，无法按原定计划实现交际目标时，才采用交际策略。对第二语言学习者来说，其交际活动在一定意义上也是学习活动的一部分，交际策略可以看作是学习策略的一部分。大体有以下几种策略：

（1）回避。回避某一话题或放弃表达某一信息。

（2）简化。对目的语的形式或功能加以减缩。

（3）语言转换。在目的语中夹杂母语。

（4）母语目的语化。用母语的语言项目或规则来表达目的语，形成母语式的目的语。

（5）母语直译。将母语直接译成目的语。

（6）语义替代。用比较熟悉的同义词作近似表达。

（7）描述。用一段描述或解释迂回表达某一意义。

(8) 造词。造目的语中并不存在的词语。

(9) 重复。对对方听不明白的部分不断重复，希望能使对方听懂或争取时间想出别的表达方式。

(10) 使用交际套语。使用已经储存在记忆中的一些固定说法（如汉语的"好久不见"、"一路顺风"等）。

(11) 利用交际环境。一定的交际环境有助于意义的表达。

(12) 等待。一时不知如何应对，在记忆中检索。

(13) 体势语。

(14) 使用其他语言。既不是母语也不是目的语，而是用其他语种。

(15) 求助于对方。直接要求对方解释或重复，也可以通过停顿、眼神间接求助于对方。

其中（1）（2）两项基本上属于回避一类，即改变原来的交际目标，初学者或语言程度差的学习者常用此策略；（3）～（5）项属于依赖母语解决问题的策略；（6）～（11）项属于以目的语为基础解决问题的策略，为语言程度较高的学习者所运用；（12）～（15）项属其他类。这15类策略都反映了学习者在交际中所遇到的语言表达或理解方面的困难，不得不求助于一些策略手段，以保持交际的顺利进行。其中有一些策略显然会造成偏误，因此有的西方学者认为适当地运用交际策略固然有助于目的语的学习，但学习者过多地在交际策略上下功夫则会影响到对新的语言知识的学习，甚至错误地认为交际策略可以代替语言表达手段。教师不仅要教给学习者目的语知识、培养目的语能力，同时还要对其学习策略和交际策略加以指导，以收到良好的学习效果。

3. 认知方式

认知方式是人们感知和认识世界的方式，对学习者来说，也是其学习方式。认知方式存在着个体差异，这里着重讨论场独立性和场依存性、审慎与冲动、歧义容忍度等。

(1) 场独立性和场依存性

这是两种不同的认知方式,也是两种不同的学习方式。场独立性是易于从整体中发现个别的认知方式,善于剖析事物和问题,把部分与整体区别开来,能集中于某一部分而不受其他部分的干扰。场依存性是易于感知事物整体的认知方式,倾向于从宏观上看事物并把事物作为一个整体来对待。这两种认知方式各有利弊,过于场独立会产生只见树木不见森林的毛病;过于场依存,容易忽视个别而不能很好地解决具体问题。因此很难说两者之间哪种方式更好,而是要取决于具体的学习任务。

在第二语言学习中,场独立性的学习者由于组织、分析能力强,富于重新建构的能力,能从一定的语境中分析语言的规则,长于在课堂教学中有意识地学习语言形式;这种人自信心强,倾向于独立于他人,不易受周围环境的影响,富于竞争性,也善于考试,特别在语言学习的高级阶段,最能发挥其优势。场依存性的学习者则长于在自然语言环境中习得语言,他们关心别人,了解别人,不喜独处,善于与别人交往,注意吸取周围的信息,因而语言交际能力强,易于在交际过程中潜意识地习得语言,特别在语言学习的初级、中级阶段显示其优势。研究还表明儿童的场依存性倾向大一些,因而易于在自然语言环境中习得语言,与此同时其场独立性逐渐发展。成人的场独立性强,需要在正规的课堂学习环境里学习第二语言。由于第二语言学习既需要能在一定的语境中从整体上把握语言所表达的内容,又要能离开语境对具体的语言结构进行分析理解;既需要重新建构的创造性,又需要有交际能力,因此这两种认知方式第二语言学习者都应具备,并根据学习的特点灵活运用。

(2)审慎型与冲动型

这也是一组相对的认知方式。审慎型的人在学习中善于周密地思考,全面分析,反复权衡以后才作决定或反应;冲动型的人在学习中反应快捷,甚至不假思索,在没有现成答案的情况下宁愿用猜测的办法。反映在课堂中,审慎型的学习者不轻易开口,表现得冷静持重,而冲动型的学习者则非常活跃,抢着举手,但让他发言有时却尚未想好答案。两种认知方式也是各有长短。冲动型的学习者易犯错误,一般口语听说能力强;审慎型的学习者知识比较扎实,特别适应归纳法的教学,读写能力较强,但过分审慎、过慢的速度不利于参与语言交际活动,也不利于语言交际能力的培养。实践表明,冲动型的学习者易于较快地取得小的进步,而审慎型的学习者虽然在某一阶段停留的时间可能很长,但其进步的幅度要大得多。

三、学习者的情感因素

情感因素在第二语言习得中起着极其重要的作用。有的西方学者就认为其作用甚至比认知因素还重要,是启动后者的点火机。在上一章也介绍过克拉申的情感过滤假说,把情感因素看成是可能阻碍学习者吸收输入信息的一种心理屏障。作为个体因素中的情感因素主要指动机、态度和性格。

1. 动机和态度

动机在情感因素中占极其重要的地位。调查结果发现,在影响第二语言学习的诸因素中,动机占33%,学能占33%,智力占20%,其他占14%。一般说来,学习的动机越强,学习的成功率也越大。动机是激励个体从事某种行为的内在动力,常表现为为达到某种目的而付出努力的愿望。第二语言习得的动机是推动学习者学习并达到掌握第二语言目的的一种强烈愿望。动机来源于需要,为了满足需要,才会产生动力。动机又包括目的、要达到目的的愿望、对学习的态度和努力程度四个方面。只有从这四个方面进行研究,才能全面了解动机。

动机有内部动机和外部动机之分。内部动机是个体自身所产生的动力,常常来自个体对所做事情的兴趣和对其意义的认识。外部动机是外部因素作用的结果,如别人的影响、奖赏、惩罚等。内部动机能取得长远的成功,而外部动机只能取得短期的效果。对第二语言学习者来说,内部动机是非常重要的,能对学习产生持久的激励作用;但外部动力也很重要,恰当地利用外部因素的影响,把两种动机结合起来可以发挥更大的作用。动机还有近景动机和远景动机之分。近景动机是指与学习活动直接联系、具体、局部的动机,如为了应付考试或为了与同学竞争班上的好名次而临时突击,这类动机作用的范围小、时间短,但往往十分强烈。远景动机则是与长远目标特别是有社会意义的目标相联系,如有的中学生学习第二语言是为了立志将来当翻译家或外交家,或者为国家、为学术界作出某项贡献,这类动机有较深的思想基础,比较稳固,在较长的时间里发挥作用。

对第二语言学习动机的分类影响最大的是由兰伯特(W. Lambert)和加德纳(R. Gardner)所提出的融合型动机和工具型动机。所谓融合型动机是指为了跟目的语社团直接进行交际,与目的语文化有更多的接触,甚至想进一步融合到第二语言社团中成为其一员。工具型动机是指把第二语言用做工具的实际目的,应付工作上、教育上或经济上的需要,如查阅资料,进行研究,寻找工作,提高自己的知识水平,改善自己的社会地位等。一般认为融合型动机更为强烈,所取得的学习效果也更大。但这也不是绝对的,工具型的学习者也会有强烈的动机并产生很好的学习效果。在很多情况下,第二语言学习者会同时具有这两种动机。

实际上第二语言习得除了这两种主要的动机外,还有其他类动机。如单纯是出于个人的兴趣爱好或者旅游等临时性原因,也产生一定的学习动机。由兴趣爱好或临时性因素所产生的动机比起融合型或工具型动机来,要弱得多。仅仅出于兴趣爱好的动机,往往不能持久,特别是一旦在学习中碰到较多的困难(如汉字对某些刚开始学习汉语的学生来说既神秘又有趣,但学习一段时间后就会感到不堪记忆汉字的重负),兴趣也就不复存在了。这就给第二语言教学特别是汉语教学提出了如何不断激发学习动机的极其重要的问题。

第一,要充分利用学习者本身已有的动机,并不断"充电"使之进一步增强。如果学习者有为获得知识或成功而主动学习的内部动机,就应当结合奖励表扬等外部动机加以巩固;反之,如果只有奉父母或教师之命或为了考试成绩过关等外部动机,则必须启发引导学习者把第二语言学习当做自觉的需要。同样,对持有融合型动机或工具型动机的学习者,对持有远景动机或近景动机的学习者,都应当使两种动机结合起来,互相补充和支持。对于仅仅出于兴趣爱好的学习者,则更需要引导他们树立自觉的、长期的、与其理想志愿相结合的比较稳固的动机,并使当前的学习成为有意义、有价值的活动。

第二,语言是交际的工具,学习第二语言的最根本动力应是交际的需要。如果没有这种需要,学习语言仅仅是为了增加知识,学习语言的兴趣就难以持久,动机也难以保持。因此,需要从激发学习者的交际需要来增强语言学习的动机。在非目的语的环境中学习,更需要创造运用目的语交际的情境。

第三,教师的教学活动是最直接增强学习者学习动机的因素。教师要不断改进教学,使教学内容适合学生的需要,教学方法能引起学生的学习兴趣。运用启发式,使课堂教学生动活泼;加强言语交际活动,提高学生运用目的语进行交际的能力;结合语言教学进行文化因素的教学,从而进一步激发学生的学习动机。

第四,以鼓励和表扬为主,多给学习者以成功的机会并及时加以肯定。学习者了解自己的长处和取得的进步,会产生更大的积极性。对困难的学习者则应具体帮助,让他们也看到自己在前进,增强学习的信心。

第五,适当地运用竞争机制,在课堂中展开学习竞赛,激发学习者的上进心,进一步激励动机,调动学习者的积极性。

态度是构成动机的主要因素之一。它是个体对某种客观事物的评价性反应,是在对事物了解的基础上产生情感上的褒贬好恶,并反映出对之采取行动的倾向性。西方学者的调查表明，学习第二语言的态度与所取得的学习成绩之间的关系高于学习其他科目的态度与成绩之间的关系。这是由于语言学习涉及到更多情感因素的原因。影响学习态度的几个方面是：

（1）对目的语社团和文化的态度。对目的语文化、历史、社会和人民有好感，渴望有更多的了解甚至向往其生活方式和精神文明，一般说来将会形成学习该目的语的十分有利的态度。反之，由于某种原因对该目的语文化抱有反感甚至仇视的态度，则不可能有积极的学习态度。

（2）对目的语的态度。对所学的语言有好感，认为它有较大的交际用途，语音优美，结构和表达方式丰富多彩，感到学习该语言可以不断接触新的事物，学习过程本身就是一种乐趣。反之，如果觉得该语言难听，语法过难，学习很吃力，就会产生一种畏惧或厌恶的心理，采取消极应付或干脆放弃的态度。

（3）对课程和教师、教材的态度。对大多数学习者来说直接影响其目的语学习态度的还是他们在语言课堂上的感受。课程是否有意义，教材是否有趣，教学方法是否生动活泼，特别是教师的知识、经验和个人的魅力，会在很大程度上影响到学习者对第二语言学习的态度。

学习态度大体上可以分为积极态度、一般态度和消极态度三种。持积极态度者往往是因为有较强的内部动机的支撑，表现为自觉、主动、积极地学习，而且对学习本身有浓厚的兴趣；一般态度往往是因外部因素的影响改变了原来的态度，仅能要求自己把语言课程作为一般学习任务来完成，但缺乏主动和热情，缺乏兴趣；消极态度往往是因外界压力被迫地学习，不仅无自觉要求也毫无兴趣，甚至有一定的反感，认为是一种沉重的学习负担，一有机会就想放弃。消极态度与不佳的学习成绩形成了恶性循环。

一般来说学习态度一旦形成就比较稳定持久，但也不是不可以改变的。通过学校和家长的适当的教育工作，特别是与目的语文化和人民的接触和交际活动，会逐渐培养起学习第二语言的兴趣。问题在于我们的教学安排和教师的教学活动如何进一步影响学习者的学习态度。以往有很多例子说明，由于汉语悠久的历史、丰富多彩的文化和良好的语言环境，一些原来持有消极态度的留学生也会对学汉语产生兴趣；但是如果教学方面滞后，也可能使原来持积极态度的学生感到失望，转向消极甚至不愿再学下去。

2. 性格

性格特征对第二语言习得的影响是公认的。个性特征是重要的情感因素。这里主要讨论内向、外向、焦虑等几个主要个性特征。

（1）内向和外向

心理学把性格区分为内向和外向两种，内向性格一般不爱说话，不善于或者不愿意表达自己的思想，也表现为不爱交际、不好活动、喜欢独自学习。外向性格则热情开朗、爱说话、善交际、非常活跃。一般认为外向型性格有利于习得第二语言，内向型则不利于学习第二语言。但一些调查结果并没有明显地支持这种看法。可能是由于语言能力和语言交际能力的不同方面，需要不同的性格特征，不能一概而论。不同性格的学习者运用不同的策略处理不同的学习任务，因而各有所长，也有所短。外向型的学习者喜欢多说话，愿意交际，不怕犯错误，这就能获得较多的语言输入和输出的机会，特别有利于强调快速反应的口语能力的提高；但缺点在于不太注重语言形式的严格要求。而内向型的学习者由于不爱说话、不爱交际，可能在口语能力的提高方面慢一些，但能对语言输入进行细致的形式分析，对文化因素能做扎实的探求，在听力、阅读理解及写作能力方面钻研较深，其总体水平不一定比外向型学习者差。

教师对于不同性格的学生，一方面要针对其特点因材施教，发挥其长处；另一方面要适当地鼓励他们吸取性格对立一面的某些特点，以扬长避短、适应不同的学习任务。

（2）焦虑

焦虑是一种性格特征。具有这种性格的人在做事之前或做事之后都可能产生对能否做好事情的焦急、担心和忧虑的情绪。这里所指的是第二语言学习中所产生的焦虑。有的研究表明，38%的学习者认为在第二语言课上比在别的课上更为焦虑。第二语言学习中的焦虑常表现为交际焦虑、考试焦虑和对负面评价的焦虑几个方面。有关焦虑与第二语言习得的关系，也有相互矛盾的调查结果。一般认为焦虑与学习态度、学习成绩呈负相关，过多的焦虑造成思想上很大的负担和压力，增强了抑制，会阻碍第二语言习得；但是，如果一点焦虑也没有，同样不利于第二语言习得。适当的焦虑会增加学习的动力和上进心。比如对考试有太重的焦虑，在平时会影响正常的学习，临场则可能现有水平也发挥不出来，难以取得好的成绩；如果一点焦虑也没有，松松垮垮，可能在考场上连题都做不完。

教师在平时要给学生适度的焦虑以促进其学习，但对焦虑过重的学生、特别是性格上容易产生焦虑的学生，则应多做工作。缓解焦虑的有效办法是：事前做好充分准备，对困难有足够的估计并想出克服困难的方法和措施，能看到有利条件和已取得的成绩，对完成任务有信心。

以上分析了个体因素中的生理因素、认知因素和情感因素的8个方面，我们可以充分体会到上述诸因素在第二语言学习中的重要作用。不对这些因素进行全面的研究，就很难正确了解第二语言学习者和学习过程与规律，在教学实践中也就心中无数。另一方面由于对这些问题还缺乏非常可靠的研究手段，因此现在也还不能完全从实验中了解到这些个体因素对第二语言学习究竟产生何种影响。

思 考 题

1. 你认为年龄对第二语言学习有什么影响？
2. 结合你班上学生的实例，说明场独立和场依存的认知方式各有什么特点。
3. 怎样才能不断激发学生学习汉语的动机？

第四章 汉语作为第二语言教学的目的与内容

汉语作为第二语言教育的涵盖面很广。从学习者的汉语水平等级来看，有从零起点到初级、中级、高级各阶段的汉语教学；有小学、中学、大学的汉语教学。从教育的类型来看，有学历教育和非学历教育的汉语教学。它们之间在教学目的、内容、方法方面有很大不同。本书以下所谈的，主要是针对基础阶段，特别是初、中级阶段的汉语作为第二语言教学。

教育是人类社会特有的培养人的活动。广义的教育指一切能增进人们的知识、技能，增强人们的体质和影响人们的思想意识和道德品质的活动。我们这里所指的是狭义的教育，即社会通过学校对受教育者的身心进行的有目的、有计划、有组织、有系统的影响和培养的活动。学校的教育主要是通过"教学"来实现的。教学主要指教师和学生共同参与的、有组织有计划的传授和学习有关的知识和技能，从而影响学生的身心发展的一种教育活动。教学目的是由教育的目的所决定的。

一、第二语言教育的作用与教育的目的

1. 教育的作用与目的

教育的作用，对社会来说，在于传授前人所总结出来的知识、技能和为一定社会所需要的思想意识、道德规范，使社会得以延续和发展。对个人来说，在于提高认识世界和改造世界的知识和能力，健全人的个性，使人类自身多样化发展的需要得以满足。因

此，教育对社会、对人的发展所起的作用是教育的基本功能。这两种功能又是统一的。人的发展不能脱离社会的发展，社会的发展又是通过发展了的人的努力得以实现的。教育对人的培养不仅促成了人的发展，也从根本上促进了社会的发展。

今天由于社会生产力的迅速发展，科学技术飞跃进步，教育在社会发展和人才培养中的地位和作用比以往任何时候都更加重要。科学技术作为第一生产力，必须通过教育所培养的生产者，才能作用于生产，成为现实的生产力。教育通过其培养的人才，成为现代科学技术与现代生产结合的纽带，成为社会发展的重要动力。

教育对社会发展和对人的发展所起的作用，决定了教育的目的。教育的目的是为社会培养人才，而科学的教育所培养的人才应当是德、智、体、美全面发展的、为社会发展和时代进步所需要的人才。

德育是指政治、思想和品德的教育，包括政治立场、世界观、人生观、价值观、道德品质和健全人格特征的教育。德育确定了全面发展教育的方向，并贯串于教育的始终。

智育是指传授系统的文化科学知识，发展智力，培养能力。知识，对高等学校来说要求传授学科最新成就的知识，使学生在广博的基础上达到专精。智力，指观察力、注意力、记忆力、思维力、想像力、创造力等。能力，包括自学能力、分析和解决问题能力、科学研究能力、创新能力、组织管理能力、口头与书面表达能力及人际交往能力等。智育是全面发展教育的核心。

体育指增强学生的身体素质，提高健康水平。同时还要掌握一定的卫生保健及体育运动的知识和技能。体育是全面发展教育的物质基础和重要保证。

美育指培养学生感受、鉴赏、表现和创造美的情感与能力，并陶冶学生的高尚情操。美育是全面发展教育中独特的重要组成部分，与德育、智育、体育互相渗透，对整个身心发展起重要作用。

德、智、体、美统一协调的发展,是学校教育培养人的最高目的,也是我们今天所强调的素质教育的目标。我国政府历来把培养全面发展的人才作为我国的教育方针,强调提高全民族思想道德素质和科学文化素质。1995年颁布的《中华人民共和国教育法》规定"教育必须为社会主义现代化建设服务,必须与生产劳动相结合,培养德、智、体等方面全面发展的社会主义事业建设者和接班人。"语言教育正是德、智、体、美全面发展教育的不可缺少的因素。

2. 语言教育的重要性

人类已跨入21世纪。面对科学技术的突飞猛进,经济全球化、教育国际化不断加速发展的趋势和即将到来的知识经济社会和信息社会,国际分工合作大大加强,国家之间、人民之间的相互联系更为密切。第二语言作为交际工具,在当今社会的经济、文化、政治生活和国际交往中将发挥前所未有的重大作用。语言教育,特别是第二语言教育,也将成为直接关系到社会进步、国家发展和世界和平繁荣的极其重要的学科之一,并受到特别的重视。

美国"外语教育委员会"(ACTFL)等四十多个单位在联邦政府教育部和全美人文基金会的资助下,用了数年的时间于1996年完成了《外语学习的标准:迎接21世纪》的研究项目,提出了新世纪第二语言(外语)教育的纲领。该文件指出:语言和交际对人类获得经验至为重要,今天学习一种外语不仅是为了做生意、交朋友,更是为了有能力去理解别人并被别人所理解。因此需要培养学生具有语言和文化的素养,从而能在多元化的社会和世界进行成功的交际。文件特别强调美国"所有的"学生都必须发展英语以及至少一种其他语言的熟练运用能力。非英语背景的学生还必须进一步发展其第一语言的能力。

我国对第二语言教育也非常重视,对外汉语教学被称为"国家和民族的事业";学习外语的热潮经久不衰;少数民族汉语教学规模不断扩大,教学改革的试验不断深入,学术研究取得了很大成果。可以说,无论是外语教育、对外汉语教育或少数民族的双语教育,都有了迅速的发展。

今天更需要从社会的生存与发展、国家的进步与繁荣和造就21世纪新人的高度来认识语言教育的重要性。

(1) 早在原始社会,人类就是依靠语言在生产劳动及与大自然交往中,相互沟通、团结协作以求得生存发展。今天语言作为知识、文化的载体,也是信息传播最主要的载体,在信息时代的重要性怎样估计也不为过。语言学习和语言教育仍是今天社会生存和发展的前提。

(2) 语言是交际工具,是人与人、社团与社团、民族与民族、国家与国家之间的沟通工具。我国要实现现代化,要深化改革开放,在经济、文化、政治各方面参与国际交流与合作,这就需要了解外国并让外国了解我们,需要加强国内各民族之间的沟通与了解、团结与合作,而这一切都离不开外语和汉语的语言教育。

(3) 语言教育是人类教育的基础。第二语言教育不但可以促进人们的社会交往能力并开发人的智力,而且还可以培养人们的多元文化意识,并充分利用其作为目的语文化载体的功能,扩大人们的视野,丰富人们的知识,在培养21世纪新人、提高人的基本素质方面起到特殊的作用。

3. 汉语作为第二语言教育的重要性

汉语是世界上使用人数最多的语言,是联合国的六种工作语言之一。汉语又是世界上现存的最古老的语言,它是有着5000年文明史的古国文化的结晶和载体。长期以来,汉语一直以其丰富的文化底蕴和独特的语言魅力,吸引着世界各国的学习者。法国有的学者还认为学习汉字有利于儿童智力的发展,因而汉语可以作为儿童的启蒙语言。

近二十年来我国的改革开放不断取得成功,经济持续稳定高速发展,科学技术水平不断提高,综合国力日益增长。我国的国际地位不断提升,作为联合国安理会常任理事国在国际事务中发挥着愈来愈重要的影响，与世界各国的交往也愈来愈密切。在这种形势下，汉语作为一种重要的交际工具，作为世界各国人民与12亿中国人民沟通的桥梁，在国际经济、贸易、文化、政治事务中所起的作用也在不断扩大。因此，学习汉语的外国学习者人数不断增加。在我国加入世贸组织后和筹备举办2008年奥运会的过程中，世界各地的汉语教学还会出现新的热潮。外国学者们对21世纪汉语在国际上的地位有种种预测。可以肯定的是，至少在亚洲及太平洋地区，它将成为一种重要的国际语言。在世界其他地区，也将进一步扩大影响。

在我国国内，56个民族使用80多种民族语言和30多种文字。其中汉语是我国汉族、回族、满族等民族共10多亿人口使用的语言，在我国多民族大家庭中自然成为各民族共同的交际工具。我国各民族长期交往的历史上，汉语一直发挥着各民族间的桥梁和纽带作用。早在秦朝，少数民族（如壮族）就开始了汉语学习。西汉时期，汉语已在西域传播。汉唐盛世大批少数民族青年到当时的京城学习汉语和汉文化，有的甚至考取进士。新中国成立以来在我国政府坚持民族平等、语言平等的政策下，少数民族地区的汉语教学蓬勃发展。我国各少数民族地区实行双语教育的经验证明，加强汉语教学，实现"民汉兼通"，符合少数民族发展的长远利益、根本利益。今天在西部大开发的宏伟目标下，汉语作为族际共同语将发挥极其重要的作用。

4. 汉语作为第二语言教育的目的

汉语作为第二语言教育是科学的教育，应当体现培养全面发展人才的教育目的。

对少数民族的汉语教育是我国教育事业的一个组成部分，应当体现我国法律所规定的教育方针，坚持为社会主义现代化建设服务，与生产劳动相结合，培养德、智、体等方面全面发展的社会主义事业建设者和接班人，这是现阶段适用于全国的、唯一的教育目的。汉语作为第二语言教育当然不可能单独完成这一教育方针所规定的任务，但是由于前面所说的语言是交际的工具、语言教育作为一切教育的基础的特点，使它能在实现教育方针所规定的教育目标中，发挥着独特的作用。

对外国学习者的汉语教育则是一种不完全等同于对我国学生的教育。对外汉语教育的对象是外国的学习者，他们在我国接受一定阶段的教育以后，主要是服务于自己的国家和社会。因此对外国学习者的教育不仅要考虑到我们的教育目的，同时还要考虑到外国学习者本人及其未来服务的国家和社会对教育的要求。半个世纪以来我国对留学生教育的实践及我们所取得的正反两方面的经验表明，只要我们从加强各国之间、各国人民之间的合作与交流的愿望出发，遵循教育的客观规律，是可以在体现我国教育性质和目的的同时，兼顾外国学习者及其国家与社会对教育的要求，可以在两者之间找到平衡点——这就是培养全面发展的人才。全面发展仍应是德、智、体、美几个方面，但其具体内容，则应从外国学习者的实际出发，体现求同存异、不强加于人的原则。

二、汉语作为第二语言教学的目的

教育的目的主要是通过教学途径来实现的，从根本上来说，教学目的就是为了培养全面发展的人才。由于教学活动主要是从事文化科学知识和技能的传授和学习，因此又存在体现了教育目的的具体的教学目的。汉语作为第二语言教学的教学目的应归纳为：掌握汉语基础知识和听说读写基本技能，培养运用汉语进行交际的能力；增强学习汉语的兴趣和动力，发展智力，培养汉语的自学能力；掌握汉语的文化因素，熟悉我国的基本国情和文化知识，提高思想品德、审美能力和文化素养。不同的学习阶段、不同学习期限在要求上应有所区别，但都应从这三方面来考虑教学目的。

1. 掌握汉语基础知识和听说读写基本技能，培养运用汉语进行交际的能力。

这是最直接、最根本的教学目的，体现了语言教学的根本任务。

汉语基础知识是指有关汉语语音、语法、词汇、汉字和文化等方面的基本规则。汉语基本技能是指听、说、读、写的技能。这是掌握一种第二语言的基础和前提，没有扎扎实实的语言知识和听说读写的技能，就无法运用语言进行交际活动。而语言是交际工具，掌握语言的目的是为了交流信息、思想和感情，用语言来做事，进行语言交际活动。如果不进行语言交际活动，语言知识和技能就毫无用处；没有语言交际活动，第二语言也就无法真正掌握。因此，学习第二语言，要学会一定的语言知识，进行必要的技能训练，但最终目标还是要培养运用语言进行交际的能力。

什么是语言交际能力？语言交际能力是指在实际生活中运用语言进行社会交往的能力。一般认为语言交际能力包括以下四方面：

(1) 语法能力——也称语言能力，指对语言规则系统的掌握，包括语音、词汇、句子结构（汉语还应该包括汉字）等规则，并掌握听说读写技能，能辨别并造出合乎语法的句子。

(2) 社会语言能力——语言是在一定的社会环境中运用的，人们在交际中不仅要说出正确的语音、词汇和语法，还要考虑到在不同的场合、地点对不同的人要能说出恰当的话来。社会语言能力就是指掌握语用规则，在真实的社会语境中恰当、得体地运用语言的能力。涉及参加者（性别、年龄、社会身份、共同的背景知识）、场合、交际目的和话题、会话的规则等。

(3) 话语能力——话语是在交际过程中一定语境下表示完整语义的自然语言，是由结构衔接、语义连贯、排列符合逻辑来表达某个主题的连续的句子所构成的语言整体。在语言交际中，必须具有运用话语进行连贯表达的能力。

(4) 策略能力——交际中根据发生的情况（如避免交际中断或增加交际效果等），策略地处理语言的能力，也就是指应变能力。

在上一章的"交际策略"一节中已作了详细介绍。

所以,交际能力既包括语言能力,也包括语言运用的能力。不仅要求掌握语言规则,也要求掌握语言运用规则。除了语言知识外,还涉及社会、文化、心理等多方面的因素和知识,是多层次的复杂的知识和技能体系。语言作为交际工具的本质特点和当今世界各国之间的密切交往迫切需要语言人才的现实,使培养语言交际能力已成为对第二语言教学目标的共识。同时对学习者来说,能用第二语言进行交际,也正是自己的学习目的,是兴趣、动力之所在。

2. 增强学习汉语的兴趣和动力,发展智力,培养汉语的自学能力。

语言学习是一个认知过程,也是智力活动的过程。智力是人的一种心理机能,是成功地认识客观事物和解决问题的各种心理因素的总和,它是由观察力、注意力、记忆力、思维力、想像力和创造力等组成的综合能力。在语言学习过程中必须发挥这些基本因素的作用,才能加速认知过程,取得好的学习效果。情感因素是非智力的心理因素,主要包括动机、态度、兴趣、情感、意志、性格等,在语言学习中也发挥重大作用。情感因素可以使学习不断产生动力,并在克服困难的过程中使学习活动得以坚持,直到达到学习的目的。另一方面,语言教学又担负着发展智力和情感的任务,在掌握目的语的过程中,由于教师有意识地采取适当的训练和辅导方法,加上学习者的积极配合,智力和情感因素都能得到锻炼和进一步发展。

汉语学习是一个长期的过程。在教师指导下的课堂学习毕竟是有限的,让学习者懂得如何独立地学习,掌握获取新的语言知识和运用语言的能力,不仅有利于学习期间取得好的效果,更会对其今后语言能力和语言交际能力的可持续发展产生难以估量的作用。自学能力的培养同样涉及到智力因素和情感因素,其关键是帮助学习者掌握学习方法。因此在教学过程中,教师不仅要帮助学生学会语言,更要帮助学生学会如何学语言。

3. 掌握汉语的文化因素,熟悉我国的基本国情和文化知识,提高思想品德、审美能力和文化素养。

学习汉语必须同时掌握一定的文化知识。应该说,汉语的人文知识愈丰富愈能从深的层次上掌握汉语,发展高级的汉语交际能力。学习文化知识除了直接有利于汉语水平的提高外,还对提高学习者的思想品德和文化素养产生潜移默化的影响,并提高其审美能力。语言是表达思想的工具,学习者在学习语言的结构形式、进行语言操练的同时,必然受到语言所负载的思想内容的影响。因此,无论是教材或使用教材进行课堂教学的教师,都应该使这种思想影响产生正面的、健康的、积极的和美的作用,有利于德育教育。以我国少数民族学生为对象的汉语作为第二语言教学,应当充分体现我国现阶段的德育教育的目标,加强热爱祖国、热心改革开放、献身社会主义现代化事业、维护祖国统一和民族团结的教育,有利于学生培养正确的世界观、人生观和价值观。当然,语言课所体现的德育教育,应当是符合语言教学规律的、寓于语言教学之中的、用潜移默化的方式进行,而不能离开语言教学另搞一套,甚至把语言课上成政治课、思想品德课。

三、汉语作为第二语言教学的内容

选择教学内容并组织教学进程从而构建专业课程体系,是课程设计的主要任务。以课程设置为主要内容而制定的全面指导某一专业教与学活动的规范性文件,称为教学计划。对具体课程所制订的指导性文件,称为教学大纲。

1. 教学内容

教学目的决定教学内容。第二语言教学是为了培养语言交际能力,这一教学目的决定了第二语言教学的内容。汉语作为第二语言教学的内容可以概括为四个方面:

(1) 语言要素（汉语语音、词汇、语法、汉字）；
(2) 言语技能（汉语听、说、读、写）；
(3) 言语交际技能（汉语语用规则、话语规则、交际策略）；
(4) 相关文化知识（汉语的文化因素、中国基本国情和文化背景知识）。

语言要素通常指语音、词汇、语法三要素，根据汉语的特点需要加上书面语言的文字——汉字,这样就构成了语言的四要素。学习者需要掌握语言要素的知识，并能运用这些知识。

言语技能就是指听、说、读、写的技能，言语技能以语言要素为基础，受语言规则的制约，保证言语的正确性。

言语交际技能指用言语进行交际的技能，言语交际技能以言语技能为基础，不仅要求言语的正确性,还要求言语的得体性,即在一定的语言环境中恰当地使用语言。因此，要获得言语交际技能除了掌握言语技能外，还必须掌握语用规则、话语规则和交际策略等。语用规则指在一定的语境下语言的使用规则，也就是在不同的交际场合，针对不同的交际对象，根据不同的交际目的对言语的内容、形式和应对方式进行选择的规则。语言交际一般都是以话语形式进行的，这就需要掌握一定的话语规则。语言的得体性还表现在恰当地使用交际策略。

相关文化知识包括体现在语言系统中的文化因素、基本国情和文化背景知识（有关语言的文化因素将在下一小节中详细讨论）。

语言要素、言语技能、言语交际技能和相关文化知识就构成了语言交际能力的基础。这几方面的教学内容，比较全面地概括了语言的结构形式、功能意义以及与语言交际相关的文化；或者说概括了作为第二语言教学内容的知识和技能两个方面。

2. 第二语言教学中的语言文化因素

语言的文化因素是语言教学中的文化教学首先接触的，也是最重要的部分，主要指语言系统各层次的文化内涵和语言使用的社会规约。语言文化因素主要隐含在词汇系统、语法系统和语用系统之中，在跨文化交际中制约着语言的理解和使用，甚至可能造成一定的交际误解和障碍。缺少语言文化因素的教学就不能达到语言教学的目的，因此就像语音、词汇、语法和汉字等因素一样，文化因素也是语言中不可或缺的组成部分。这种文化因素分为语构文化、语义文化和语用文化。

(1) 语构文化

语构文化指词、词组、句子和话语篇章的构造所体现的文化特点，反映了民族的心理模式和思维方式。前边已经谈到，汉语结构最大的特点是重意合而不重形式。不是用严格的形态变化来体现语法关系和语义信息，而是除了遵照一定的结构规则外，只要在上下文中语义搭配合乎事理，就可以合在一起组成词、词组、句子、语段，形成了不注重形式标志、强调语言结构内部意义关系"意合"的特点。

汉语的意合性也必然带来语言结构的灵活性和简约性。在构词上体现为不是采用由词根附加词缀的派生方法，而是用非常灵活的词根复合方式。两个词根只要意义上能结合，就可按一定的句法关系组成新词。如"动"和"静"这两个语素本身是单纯词，采用并列方式合在一起就成了另一个合成词"动静"。而"动"又可以和别的语素通过不同的句法关系组成"动物"、"动手"、"动人"、"动心"、"动身"、"动摇"、"改动"、"流动"等不同的词。这些合成词的意义与组成该词的各语素意义紧密相关。汉语词类的功能也有很大的灵活性，造成大量的"兼类"现象。汉语句子由于主要由语义和词序来表达意义，因而词语位置也有很大的灵活性。如："苹果多少钱一斤？""苹果一斤多少钱？""一斤苹果多少钱？""多少钱一斤苹果？"这几个句子语序不同，基本意思则一样。又如"三个人吃一斤饺子"与"一斤饺子吃三个人"；"衣服淋湿了"与"淋湿衣服了"等句只要从意义上总体把握，施动者与受动者的换位并不会产生歧义或误解。汉语的分句结合成复合句也很灵活，中间常常不加连词。比如："明天有雨，出不去了。"这两个分句之间没有任何形式标志，如连词，但听者从整体上把握完全可以理解其因果关系。这种因采用意合法而非常灵活的结构，特别体现在汉语的流水句中。即几件事情按时间先后顺序或事理推移次序排列，只要意思连贯，有一定的因果、递进、承接、假设、条件等隐含的关系，就可以不用形式上的连接，一小句接一小句连续下去。小句主语可以隐去，也可以中途变换；焦点可以不止一个，语气可断可连，逗号到底。如下面一般叙述文字："小姐把我们引进预先订好的单间，宽衣，就坐，热手巾，菊普茶，然后互道契阔仰慕以及久闻大名之类的套话，接着名片递过来，才知道那位暴发户，是'东方投资公司'的老板，钱多得如流水"。①而在古典诗词中"意合"更发挥到了极至，像"枯藤老树昏鸦，小桥流水人家，古道西风瘦马"完全由名词排列而无任何表示语法关系的形式标志。语义完全靠意合的手法经常为古代诗人所运用，形成了中国诗歌独特的凝炼含蓄的风格和优美的意境。上述体现汉语结构灵活性的例子，同时也体现了简约性。在强调意合的句子中，关联词语大量省略，很多成分特别是主语也经常隐去，修饰语和中心词甚至连动词也都可省略。

此外，汉语句式结构还体现叙事一般按时间或事理顺序排列，说明事物常由大到小、从一般到特殊、从整体到部分、先原因后结果、由已知信息到未知信息等反映中国人注重直觉体验、善于整体把握的思维方式特点。汉语中独特的词语排列整齐、语义对称、节奏和谐的对偶句，体现了中国人喜欢对称、成双的心理。

本小节特别强调了汉语结构的特点，并不意味着汉语与其他语言在结构上无共同之处；我们强调汉语重意合、多灵活性，也不意味着汉语结构无规律可言。而是为了指出，与汉语结构科学性（规则系统）同时存在的还有其深厚的人文性的一面，或者说

---

① 李国文（1994）《老刀枪》，节选自《人民文学》第11期，见《实用汉语高级教程》，华语教学出版社。

仅用西方的语法概念和理论框架无法全面地、准确地揭示出汉语结构的规律。对汉语结构的研究与教学，要充分考虑到中国人文传统的影响，找出真正能揭示汉语特点和规律的语言理论和方法。当然，这方面的研究如果说已经开始的话，也只是刚刚起步。在汉语作为第二语言教学中，语构文化的教学内容一般可以紧密结合语法教学进行。

(2) 语义文化

语义文化指语言的语义系统、主要是词汇中所包含的社会文化涵义，它反映了民族的心理模式和思维方式。这是语言中的文化因素最基本、最大量的表现形式，也是语言教学中文化因素教学的重点之一。语义文化常常和词汇教学结合在一起。

首先是一个民族文化中特有的事物和概念体现在词汇中，而在别的语言中没有对应词语，如不加解释，第二语言学习者就难以理解。胡明扬先生又把它分为受特定自然地理环境制约的语汇（如"梅雨"、"梯田"、"戈壁滩"、"熊猫"等）；受特定物质生活条件制约的语汇（如"馒头"、"旗袍"、"四合院"、"炕"等）；受特定社会和经济制度制约的语汇（如"科举"、"支书"、"下放"、"农转非"等）；以及受特定精神文化生活制约的语汇（如"虚岁"、"黄道吉日"、"红娘"、"阿Q"等）[①]。此外还有很多汉语中特有的熟语、典故等。

更多的则是某一事物或概念虽在不同的语言中有对应词语，但词义却存在很大差别，因而在语言交际中最容易造成误解和障碍。具体分为：词的内涵意义有差别，如"农民"一词在不同制度的国家所指不同，"胖"的含义在不同文化中也不相同；词义不等值，如汉语中的"知识分子"、"叔叔"与英语中的对应词义范围不同；词的褒贬义不同，如东西方文化中的"狗"、"龙"、"宣传"等词带有不同的褒贬义；词的引申义和比喻义不同，如松竹

---

① 胡明扬："对外汉语教学中的文化因素"，《语言教学与研究》1993年第4期。

梅在汉语中象征人的品德高洁，而在英语中无此意义。

（3）语用文化

语用文化指语言用于交际中的语用规则和文化规约，是由不同民族的文化，特别是习俗文化所决定的。语用文化是培养语言交际能力的主要内容，是汉语作为第二语言教学中文化因素教学的重点之一。例如，中国人和西方人的语用文化差异：

（1）称呼。中国人讲究长幼、尊卑、亲疏的人际关系，对长辈（包括老师）、对上级不能直呼其名。中国人敬老在称呼中加上"老"字如"老大爷"、"老大娘"、"老先生"甚至"某（姓）老"都表示尊敬的意思。同样的道理，在称呼中也喜欢把别人的辈分抬高，如用自己子女的口吻称呼自己同辈为"叔叔"、"某伯伯"，对小孩用"小弟弟"、"小妹妹"、"小朋友"之类的称呼。为表示亲近和尊重，有时对不熟悉的人用亲属称谓，甚至出现"解放军叔叔"、"护士阿姨"的称呼。作为"官本位"思想的残留，汉语中常用"姓＋职务/职业"构成称谓，从"某部长"到"某科长"、"某经理"、"某会计"都可使用，有时还故意省掉副职的"副"字。

（2）问候和道别。"你好"是在不特别熟的人之间比较正式的问候语，而日常用得更多的则是根据当时对方的具体情况，提出一些明知故问或无疑而问的问题，如"在看书啊？""洗衣服哪？""进城去？"等等。有时即使问得具体一些，如"看什么书呢？""去哪儿？"也无刨根问底之意，目的只是打个招呼而已，对方也可不作具体回答。比较熟识的人之间常问"身体怎么样？"乃至"衣服怎么穿得这么少？"以示关心而无干涉别人私生活之意。道别除了常用"再见"以外，有时还用"走好"、"慢走"、"路上小心"等表示关心的话语。主人送客有时会走出家门以表示对客人的尊重，客人则用"请回吧"、"请留步"、"别出来了"等表示劝阻。送人远行则一般用"一路顺风"、"多多保重"等告别语。

（3）道谢和道歉。中国人用"谢谢"一词的频率大大低于西方人。"谢谢"在汉语中是表示礼貌、客气的用语，因此关系越亲密用得越少，家人之间一般不用。妻子给丈夫倒一杯茶，丈夫如说"谢谢"，妻子反而会觉得莫名其妙，感到"生分"而不是亲如一人。中国人道歉也用得不如西方人多，过去认为打喷嚏、打饱嗝、咳嗽之类的生理反应是无法控制的，没有道歉的习惯。也可能是因为汉语中缺少语义稍轻的"excuse me"的对应词，一道歉至少就用"对不起"。

（4）敬语与谦辞。对别人表示尊重，对自己则尽量谦逊，这是中国文化最基本的交际规约。对长辈、对不太熟悉的同辈甚至晚辈，一般都要用敬语，如称对方为"您"，用"贵"（贵姓、贵校、贵国等）以及"请教"、"高见"、"光临"、"拜托"、"大作"等，对自己则常用谦辞"敝"（敝人、敝校、敝公司等）以及"浅见"、"拙作"、"寒舍"等。介绍别人时常把对方说得高一点以示尊重，自我介绍时一般都不愿炫耀自己的业绩，甚至故意压低自己以示谦虚和有修养。比如明明自己是某一方面的专家，却要说"我懂得不多，是外行，是来学习取经的"；明明是应邀作学术报告，但在开场白中要客套一番说"事前没有什么准备，谈一点不成熟的看法，抛砖引玉"，报告结束后还要加上"以上是个人粗浅的看法，拉拉杂杂浪费了大家的时间，不对的地方欢迎大家批评指正"等等。这在中国文化中显得言谈非常得体，而在西方文化中则可能被看作是"不真诚"，或者被误解为此公真的没有学问。

（5）褒奖与辞让。谦虚在中国文化中被认为是美德，中国人不仅很少夸奖自己，对别人的赞扬也多辞让，把自己的成绩贡献归功于集体或领导。答复别人的夸奖时常用"哪里，哪里"，表示自己担当不起，或者强调自己不足的一面。如："你的英语说得很好——哪里，我说得还不流利"，"你的毛衣真漂亮——漂亮什么，都快穿旧了"。当别人对自己的行为表示感谢时，在比较正式的场合还常常回答"这是我应该做的"。所有这些答话都是为了表示谦虚，而并非对夸奖者的否定或拒绝。

（6）宴请与送礼。中国人接到别人吃饭的邀请，除了极熟的朋友外，在答应以前一般都要推辞一番，说"不要麻烦了"，以示礼貌和对邀请者的尊重。做客时的举止要注意文雅而合乎礼仪，以少麻烦主人为原则。当被问到"喝点什么"时，常常也是先推让说"不用了"，或者按"客随主便"的原则回答"随便"。这些都是西方习俗难以理解的。另一方面当中国人招待客人时，则又十分热情、主动，不仅不住地劝食劝酒，而且在未得到客人同意的情况下就可能给客人布菜添酒。这样做是热忱好客的表现而并非强加于人。尽管菜肴十分丰盛，但主人还要强调是"便饭"，"没有什么菜"，"没有什么准备"，甚至说自己的妻子"不会做菜"等等，妻子也决不恼怒。这同样是出于礼貌表示谦逊，而决非虚假。按同样的习俗，送礼的人常常贬低自己礼品的价值，说是"小意思"。在接受别人礼物时，除了极熟的朋友外，一般也需要先推让一番。受礼后对送礼者要道谢，但通常不当面打开礼物，以免显得迫不及待，也不会像西方人那样集中赞美礼物本身，说自己如何喜欢，而是表示受之有愧，心中不安，如"太破费了"。农村地区甚至还有退回一半礼物的习惯，以示对送礼者尊重之意，这在西方是无法接受的。

　　（7）隐私与禁忌。中国人之间越是知心朋友越能推心置腹，无所不谈。所以像年龄、工资、购物所付的钱、个人的婚姻、子女的情况，在西方人看来属个人隐私，而中国人好朋友之间则愿意分享信息，且一旦交换了这类信息，往往关系更为密切。中国人的卧室并非客人的禁地，床上也可以让客人坐，个人办公桌上报章杂志之类的东西相熟朋友翻一翻也不为过。有些是属于客观条件方面的原因，如一般说来中国人的住房不宽敞，并非家家有客厅可接待客人。过去长期存在平均主义，工资差别不大，本身就不属秘密。至于年龄，因越大越受到社会尊敬，中国老人不太介意"老"字，"老了，不中用了"反而成了谦虚之辞，有时甚至往高处报自己的岁数。但并非中国人不存在隐私。年长者询问年轻女性的年龄、婚姻状况是可以接受的，因为这是一种关心；而中青年异性之间则不宜互问年龄,年轻男士尤其不宜向年轻女性询问这类个人的情况。在两性关系方面,中国文化的禁忌较多:婚姻、恋爱被称为"个人问题",两性关系不检点被称为"生活问题"。一般不当面赞扬年轻女性的外貌、身材,同辈异性之间更不宜这样做,至少会给人以轻佻之感。在西方极为普通的"性感"一词,在汉语中有贬义,尤其不能用来赞扬女性。异性之间除礼节性的握手以外,一般不宜有身体接触。即使是夫妇如当众接吻拥抱,也是不为社会习俗所接受的。中国人一般也不当面夸奖别人的妻子或丈夫漂亮。另一方面同性之间则禁忌要比西方小得多,手挽手、勾肩搭背、打打闹闹并无同性恋之嫌。

上述语用文化仅仅是针对东西方文化差异而列出的最为明显的数例,也是汉语学习者在跨文化交际中最先碰到的障碍。这类语用规则突出地体现了中国文化崇尚集体与和谐、关心他人、尊重他人、热心待人、谦虚律己的传统。

思 考 题

1. 汉语作为第二语言的教育在 21 世纪的重要性如何?
2. 对我国学生进行汉语作为第二语言教育的目的是什么?
3. 根据本地区的特点,你认为汉语作为第二语言教学的目的和内容应该是什么?

第五章　第二语言教学法主要流派

汉语作为第二语言教学是整个第二语言教学的组成部分，即使在我国进入改革开放新时期以前，汉语作为第二语言教学也不是与世隔绝的。事实上在其发展过程中，一直受到世界第二语言教学各种教学法流派的影响，并从中不断吸取营养。因此，我们讨论汉语教学问题也就离不开整个第二语言教学发展的大背景，特别是要了解产生过很大影响的各种第二语言教学法流派的特点和演变情况。

教学法流派，指在一定的理论指导下在教学实践中逐渐形成的，包括其理论基础、教学目标、教学原则、教学内容、教学过程、教学形式、教学方法和技巧、教学手段、教师与学生的作用和评估方法等方面的教学法体系。一种教学法流派的形成除了受当时的时代背景，特别是政治、经济等因素的影响外，更直接地受这一阶段的语言学理论、心理学理论、教育学理论以及一些其他相邻学科发展的影响。各种不同教学法流派之间的差异，主要是由于对语言本质特征和对语言学习规律有不同认识，因而对教学规律有不同看法。它影响到教学大纲的制订、教材的编写、课程教学程序和方法的确定，以及测试评估手段的选择等。

第二语言教学是与人类的文明史同时开始的，至今已有几千年了。现代第二语言教学还只有一百多年的历史。在这一百多年间，特别是20世纪以来，人们为了寻找有效的第二语言教学方法，在迅速发展的语言学、心理学和教育学理论指导下，不断加强对教学理论的研究和教学实践的探索，先后出现了数十种各具特色的教学法流派。其中一些影响较大的流派按其所体现的主要语言教学特征可分为四大派：（1）强调自觉掌握的认知派，如语法翻译法和认知法等；（2）强调习惯养成的经验派，如直接法、情景法、听说法、视听法等；（3）强调情感因素的人本派，如团体语言学习法、全身反应法、暗示法等；（4）强调交际运用的功能派，如交际法等。这些流派各有独创之处，也有不足之处，异彩纷呈，各领风骚，都为第二语言教学理论的发展作出了重大贡献。

一、认知派与经验派教学法

认知派以语法翻译法为代表，这一派教学法的主要特点是强调学习者对语言规则的理解和自觉掌握。经验派以直接法为代表，这一派强调通过大量的模仿和操练形成习惯。这是在 20 世纪 70 年代以前就已形成的对语言教学有较大影响且主要原则完全不同的两大派。下面按时间顺序将这两大派中的主要教学法作一简要介绍，讨论的重点是各种教学法产生的背景、理论基础、主张和主要特征以及对该法的评价，目的是理出教学法发展的脉络和当前的趋向，而不偏重于对各种教学法具体方法的介绍。

1. 语法翻译法

语法翻译法又称"传统法"或"古典法"，是以系统的语法知识教学为纲，依靠母语，通过翻译手段，主要培养第二语言读写能力的教学法。这是第二语言教学史上最古老的教学法，在欧洲用于教授古希腊语、拉丁语已有千百年的历史。当 18 世纪开始教授法语、意大利语、英语等现代语言时，仍沿用这一古老方法。18 世纪末、19 世纪初，德国语言学家奥伦多夫（H. 0llendorff）等对语法翻译法进行了理论上的总结与阐述，使之成为一种科学的第二语言教学法体系。

语法翻译法的语言学基础是历史比较语言学，认为一切语言都起源于一种共同的原始语言，语言规律是共同的，词汇所代表的概念也是相同的，所不同的只是词汇的语音和书写形式。因此通过两种语言词汇的互译和语法关系的替换，就能掌握另一种语言。语法翻译法的心理学基础是18世纪德国的官能心理学，其创始人是德国哲学家沃尔夫（C. Wolff）。他认为心灵虽然是统一的，但能划分为不同的官能或能力，如认识、情感、意志等，各种不同的官能可以分别加以专门的训练，以促进其发展。复杂而严密的拉丁文语法正可以用来训练学习者的记忆能力和逻辑思维能力，从而发展其智力。

语法翻译法的主要特点是：

（1）以理解目的语的书面语言、培养阅读能力和写作能力以及发展智力为主要目标，不重视口语和听力的教学。

（2）以系统的语法知识为教学的主要内容，语法教学采用演绎法，对语法规则进行详细地分析，要求学生熟记并通过翻译练习加以巩固。

（3）词汇的选择完全由课文内容所决定，用对译的生词表进行教学；句子是讲授和练习的基本单位。

（4）用母语进行教学，翻译是主要的教学手段、练习手段和评测手段。

（5）强调学习规范的书面语，注重原文，阅读文学名著。

语法翻译法的教学过程，一般从讲词法开始，然后讲句法，用演绎法讲授语法规则，并通过语法练习主要是翻译练习让学生掌握语法规则，最后对课文进行逐句的讲解并要求学生能记住。

语法翻译法是第二语言教学法史上第一个完整的教学法体系，它强调对语法规则的掌握，注重学生智力的发展，能较好地培养阅读能力和翻译能力，体现了理性派教学法的主要特点。该法历史最久，有很强的生命力，从19世纪40年代到20世纪40年代的一百年间一直在欧洲第二语言教学中居统治地位，对我国的外语教学及汉语作为第二语言的教学特别是精读课，也有较大影响。今天第二语言教学高年级某些课程如综合课、翻译课的教学，仍可以借鉴其优点。

语法翻译法也有其严重的不足之处。主要是忽视口语教学和语音教学,缺乏听说能力的训练;过分依赖母语和翻译手段;过分重视语法知识的教学,死记硬背语法规则,不注重语义;教学内容枯燥无味或者过深过难(指经典文学作品)。而最根本的问题则是不利于语言交际能力的培养。语法翻译法本身也在不断发展变化。到 20 世纪中期,古典的语法翻译法经过改革,吸取其他教学法的长处,发展成为"近代的语法翻译法"。在强调阅读领先、着重培养阅读和翻译能力的同时,也加强了听说能力的培养;教学从语音开始,在以语法为主线的前提下,注意语音、词汇、语法的综合教学。当然,十分重视语法和翻译仍是这一教学法的特点。

2. 直接法

直接法又称"改革法"或"自然法",19 世纪末 20 世纪初产生于西欧,主要是法国和德国。这是与语法翻译法相对立的教学法,是主张以口语教学为基础,按幼儿习得母语的自然过程,用目的语直接与客观事物相联系而不依赖母语、不用翻译的一种第二语言教学法。

19 世纪中叶西欧各国工业发展,贸易兴盛,各国之间政治经济往来频繁,需要大量掌握外语口语的人才。语法翻译法则因无法达到这样的目的而受到质疑和反对。19 世纪末欧洲出现了外语教学的"改革运动",其主要内容为探索第二语言教学的新思想、新路子,从而导致直接法的产生。直接法早期的代表人物有改革运动的先驱、直接法的奠基人、发表《语言教学必须彻底改革》反对语法翻译法的德国语言教育家菲埃托(V. W. Vietor),有在世界各国创办外语学校、大力推广直接法的德国教育家贝力子(M. Berlitz),有发表《语言教授法和学习法》并创造"系列法"的法国语言教育家古安(F. Gouin)等。典型的教材有英国艾克斯利(C. E. Eckersley)编的《基础英语》等。

直接法的语言观认为语言是习惯,语言的运用是靠感觉和记忆而不是思维。其产生的背景是，当时语言学有了进一步的发展，对欧洲几种主要语言做了比较全面的描述与对比，研究的结果证明不同语言的语法结构和词汇并不存在完全等值的关系，这就动摇了语法翻译法的理论基础。而当时语音学的发展，国际音标的制订，为口语教学创造了条件。直接法主要受到从18世纪末开始、19世纪末已取得一定成果的对儿童语言发展研究的影响，教学过程模仿幼儿习得母语的自然过程（这也是该法又叫"自然法"的原因）。直接法的心理学基础是联想主义心理学，认为人的学习方式与动物一样，是刺激与反应直接联结，否认意识在其间的作用。直接法强调词语与客观事物直接联系而不通过母语的中介，运用联想使新旧语言材料建立联系，以加强学习和记忆。

直接法的主要特点是：

（1）目的语与它所代表的事物直接联系，教学中排除母语，排除翻译，采用各种直观手段用目的语学习目的语（第一批词通过实物、图画或动作演示来讲授），课堂教学常用扮演角色或演戏的方式。

（2）不是先学习语法规则，而是靠直接感知，以模仿、操练、记忆为主形成自动的习惯。在一定阶段对已获得的语言材料中的语法规则进行必要的总结和归纳。

（3）以口语教学为基础，先听说后读写。认为口语是第一性的，先学话后学书面语是学习语言的自然途径。重视语音教学，强调语音、语调、语速的规范。

（4）以句子为教学的基本单位，整句学、整句运用，而不是从单音或孤立的单词开始。句子是言语交际的基本单位，词语的意义只有在句子中才能明确掌握，词语连成句子也便于记忆。

（5）以当代通用语言为基本教材，学习生动的、活的语言，而不是文学名著中典雅、但已过时的语言。从有限的常用语言材料开始，对常用词、常用句式按其使用频率进行科学的筛选。

直接法伴随着外语教学改革运动而产生，是与语法翻译法针锋相对的一种教学法流派。它的出现打破了语法翻译法独霸天下的局面，并提出了一条与之截然不同的教学路子，活跃了学术思想，从而开辟了第二语言教学法研究这一新的领域。直接法的许多主张，如与客观事物直接联系、句本位、以模仿为主、用归纳法教语法、以口语为基础、教授活的语言等原则，丰富了人们对第二语言教学规律的认识，对以后的听说法、视听法、自觉实践法乃至功能法都产生了很大的影响，开经验派教学法的先河。直接法的局限性是过分强调了幼儿学习母语的规律，而对成年人学习第二语言的特点认识不足，对课堂教学的现实也考虑不够；强调口语教学，对读写能力的培养重视不够；过分强调模仿，偏重经验，对人的积极、主动学习强调不够，忽视对语法规则的掌握。早期的直接法过分排斥母语，对母语在第二语言教学中的作用注意不够，本来一些用母语一点就透的问题，因坚持用目的语讲解而影响到学习者的理解。此外，这种方法对教师的言语技能要求也太高，在实际操作中并非所有的教学单位都能做到。如很多公立学校试用直接法就未能像贝力子学校那样取得那么大的成就。所以到20世纪20年代，直接法在欧美也渐趋衰落。

3. 听说法

听说法是20世纪40年代产生于美国的第二语言教学法。强调通过反复的句型结构操练培养口语听说能力，又称"句型法"或"结构法"。

二次大战前，外语教学在美国一直不受重视，外语人才缺乏。二次大战后期，美国向海外派遣大批军队，急切需要在短期内培养出受过基本外语口语训练的人员。当时盛行于美国的语法翻译法和阅读法无法达到这一目的。于是布龙菲尔德等语言学家受政府委托，为此制订了一套军队特别培训课程，用速成方法训练军队人员的外语口语，所以也称为"军队法"。1943年前后，成立了各种外语训练中心，开办了20多种语言训练班（赵元任先生主持哈佛大学陆军特别训练班中文部)，编写专门教材。训练班6~9个月为一期,每周6天上课,每天不少于5课时,8~10人小班上课,由以该目的语为母语者任教师,用速成的方法进行突击、强化、"沉浸式"的口语听说训练。这种方法取得了很大成功,满足了美国战时外语人才的需求,也在世界上产生了很大影响。战后美国的研究机构和语言学家们继续总结战时军队外语教学经验和理论,于50年代形成了"听说法",并推广到高等学校和中学的外语教学中去。

听说法的语言学理论基础是主张对活的语言(口语)进行仔细的描写分析、不同语言间进行结构对比的美国结构主义语言学。因而该法强调第二语言教学要从口语开始、从教说话开始,通过掌握语言结构学会目的语。其心理学理论基础是把人和动物的行为都纳入到刺激—反应轨道之中的行为主义心理学。特别是斯金纳的操作行为主义,认为言语行为是通过刺激与反应的联结并加以强化而形成习惯,强调第二语言教学要通过大量的模仿和反复操练养成新的语言习惯。

听说法的特点是:

(1) 听说领先,口语是第一位的,书面语是第二位的,读写为辅。

(2) 反复操练,用模仿、重复、记忆的方法形成习惯。

(3) 教学内容以组成语言的基本结构——句型为中心,通过句型练习掌握目的语。

(4) 排斥或限制使用母语,尽量用直观手段或借助于情景、语境,直接用目的语理解或表达。

(5) 对比母语与目的语以及目的语内部的语言结构,找出学习者的难点,以确定教学重点。

(6) 严格、及时地纠正学习者的错误,避免养成错误的习惯。

(7) 利用现代化的教学技术手段如幻灯、录音、电影、电视,从多种途径强化刺激。

听说法的教学过程,按特瓦德尔(W. F. Twaddell)的归纳分为五个阶段：

(1) 认知。教师向学生展示新语言材料（句型），借助于实物、情景、手势等使学生理解语言材料的意义。

(2) 模仿。在教师的反复示范下，学生准确地模仿。

(3) 重复。通过反复练习（多项选择、判断正误等），不断重现已模仿的语言材料，达到让学生牢记（背诵）的目的。

(4) 变换。用变换句子结构的练习（如词语替换、句型转换、句子扩展等）给学生以活用的机会。

(5) 选择。用问答、对话、叙述等方式，让学生选择学过的词语或句型，描述特定的场景或事件，进一步活用。

听说法的代表人物除布龙菲尔德以外还有弗里斯（C. C. Fries）和拉多等。代表性的教材如大家所熟悉的《英语900句》。

听说法的出现成为第二语言教学法发展史上的一个里程碑，在理论和实践两方面，都促进了第二语言教学法的发展。听说法第一次自觉地把语言学和心理学理论作为教学法的理论基础，使第二语言教学法建立在更为坚固的科学基础之上。听说法有一套完整的教学法体系，提出了许多合乎第二语言教学规律的重要原则，至今仍被证明是正确的，并为人们所遵循。听说法继承了直接法的主要原则，如以口语教学为基础，直接用目的语教目的语，以句子为基本单位，通过反复操练在实践中掌握语法规则等。同时又有所发展，特别是强调目的语与学生母语的对比，以此为基础编写教材和进行课堂教学。采用句型教学已被证明是掌握目的语规则的有效手段，既避免了语法翻译法的繁琐讲解，又使语言结构的教学得以落实，从而能真正贯彻听说领先的原则。在母语的使用上也采取比较灵活的态度，避免直接法绝对排斥母语的片面性；重视对现代化教学手段的利用。所有这些特点表明，听说法具有其他教学法少有的成熟性。这使得听说法在五六十年代风行美国并影响到世界各地。尽管70年代新的教学理论兴起，该法受到一定非议,但至今仍在美国外语教学中占据重要地位,并在很多国家继续发挥影响。60年代和70年代我国外语教学界一直受听说法的影响,并一度推广听说领先法。我国汉语作为第二语言教学不论在教材编写还是课堂教学中都吸取了听说法的一些优点,至今句型练习仍为我国对外汉语教材中语言结构教学的重要方式。

但听说法也存在严重的缺点。首先,该法以行为主义心理学为基础,把人和动物等量齐观,把外语学习看成如同训练动物,学习者只是对刺激做出反应并通过强化养成新的语言习惯。这就否认了人的认知能力的能动作用。过分强调机械训练不仅枯燥无味,引不起学习者的兴趣,也忽视了学生语言基础知识的掌握和语言运用能力的培养。第二,结构主义语言学过分重视语言的结构形式而忽视语言的内容与意义,认为只要彻底了解语言结构就能理解别人、表达自己。这与传统的语法翻译法以语法为纲并无原则区别。其结果,学习者也只能流利地说出一些正确的句子,但难以具备在一定的情境下进行语言交际的能力。听说法还可能使学习者产生阅读、写作能力差,出现缺乏语文素养、知识面窄的弱点,难以培养合格的外语人才。

4. 视听法

视听法是50年代产生于法国的一种第二语言教学法。它强调在一定的情景中听觉(录音)感知与视觉(图片影视)感知相结合的教学方法。因它首创于法国圣克卢高等师范学院,所以也叫"圣克卢法"。代表人物是古布里纳(P. Guberina)和古根汉(G. Gougenhein)。典型教材如《新概念英语》。

视听法来源于直接法和听说法。它继承和发扬了二者的长处,重视口语,用目的语直接教学,强调反复操练,在母语与目的语对比的基础上确定教学内容。同时它又克服了听说法脱离上下文和一定的语境孤立进行枯燥乏味的机械句型操练的缺点,创造性地提出了情景视觉与听觉相结合、以整体结构感知的新教学法体系。

视听法的理论基础也是结构主义语言学和行为主义心理学，认为掌握了一种语言的结构就是掌握了该语言，主张对目的语结构进行科学分析与描写。第二语言习得过程被认为是刺激—反应过程，视觉形象与听觉形象相互联系，同时作用于感官，可以增强刺激、加快反应并加深记忆。而且图像与声音相联系建立起条件反射，一旦图像（情景）单独呈现时，学习者也能自动做出反应。视听法又受到完形心理学的影响，强调完整地感知事物，通过具体情景或图像使词语组成一个整体、一种完整的结构形式，从而达到整体结构感知。所以视听法也叫"整体结构法"。

视听法的特点是：

（1）视觉感知和听觉感知相结合。利用声光电等现代化技术手段展示语言材料，充分调动大脑两半球的功能，比单凭听觉或视觉在理解、记忆和储存语言材料方面效果更好。通过实物、图片、影像等让语言与形象直接联系，有利于培养直接用目的语表达思想的能力，避免了母语的中介作用。

（2）语言和情景紧密结合。人们的交际活动总是在一定情景中进行的，言语活动也总是受情景制约。视听法从日常生活情景中选择、安排语言材料，并创造接近于真实的情景进行听说读写活动，有利于培养运用语言的能力。

（3）整体结构感知。视听法通过一组组图像和一段段完整的对话，使语音、语调、词汇、语法在对话中被整体感知。以语音为例，不单是要求发音正确，而且要在掌握语音整体结构（包括发音、声调、语调、节奏、旋律）的基础上，再进行个别音素的训练。词汇、语法也是通过图像所呈现的情景，先整体感知，从语段和句子开始进行教学，教学顺序是：成段对话—句子—单词—语素。

（4）先口语教学，后书面语教学；听说领先，教材以对话为主，进行集中强化教学。

视听法的教学过程，首先是感知，一般先让学生看幻灯或电视，配合录音感知课文大意，边看边听边记忆；第二步是通过图像和录音，由教师讲解词、词组和句子，帮助学生完全理解课文内容；第三步在放图像和录音的同时，让学生模仿、重复、熟记、回答问题，进行大量练习；第四步利用图像和录音，通过叙述课文内容、自由对话、评论课文、扮演角色等形式，或以新的图像和录音进行问答等，用目的语表达思想，培养活用目的语的能力。在教材方面，有专门按情景编写的，也有以情景为主照顾到句型结构的；也有以句型结构为主而辅之以情景等不同类型。

视听法是对直接法特别是听说法的进一步发展，它的主要贡献在于广泛使用声、光、电技术手段和现代化设备，使语言与形象紧密结合。它强调整体感知并特别重视在情景中教学，有利于培养学习者运用目的语的能力，对后来的功能法有一定影响。

视听法的上述优点使它在 70 年代中期以来成为世界上被广泛运用的一种教学法。视听法随着《新概念英语》等教材于 70 年代中期进入我国，受其影响，汉语教学界不少学校进行视听说的教学。视听法也存在不少缺点，主要是重视口语会话而忽视书面语的阅读；过分强调整体感知和综合训练而忽视对语言结构的分解和单项训练。而根本的问题还在于所有结构法的共同弱点：只注重语言形式的掌握而未能着重培养语言交际能力。

5. 自觉实践法

自觉实践法是前苏联 20 世纪 60 年代以来广泛采用的外语教学方法。主张学习者在自觉掌握一定语言理论知识基础上，主要通过大量言语实践活动达到直觉运用目的语。代表人物是前苏联的心理学家别利亚耶夫（Б. В. Беляев）。

50 年代以后，苏联与西方国家在经济、文化、科技等方面的联系日趋频繁，需要大量实际掌握外语的人才。而原有的教学法不能满足这一需求,社会和教育部门都关注外语教学的改革问题。自觉实践法正是在教学改革的大讨论中出现的，主要继承直接法通过大量言语实践培养听说读写技能的本质特点，同时也继承了语法翻译法强调自觉掌握语言规则的正确主张，这就同时吸取了对立的两大派的长处。该法在发展过程中又不断吸取其他一些外语教学法的新成果。如从美国听说法中吸取句型练习的做法；从法国视听法中吸取情景的特点以及对现代化教学设备的利用；特别是从英国的交际法中吸取交际性原则，使70年代的自觉实践法给它所强调的"言语实践"赋予了交际性的灵魂。这样，该法发展成为更为全面、成熟、更具综合性的教学法。

自觉实践法的心理学基础是别利亚耶夫的外语教学心理学理论。这一理论认为目的语学习过程就是用目的语思维的过程，只有在学习者的内部言语中运用目的语，做到用目的语思维，才能养成自动的言语熟巧和语感，达到直觉掌握目的语的程度。而用目的语思维及自动的言语熟巧及语感，只有在大量的目的语言语实践中才能实现，也就是说直觉的掌握是从自觉的实践中获得的。作为实践的出发点，应当使学习者掌握一定的语言理论知识，让学习者了解为什么要实践及如何实践，使实践活动成为有目的、为意识所控制的活动，这将发挥学习者的自觉性，有利于熟巧的形成。但是课堂教学中应严格掌握，把理论知识及语言规则的讲解压缩到15%，而85%的时间则用于目的语的言语实践活动。言语实践活动又应体现创造性，而不是重复的机械操练。

自觉实践法的主要特点是：

（1）自觉性原则。强调学习者要自觉掌握语法理论知识并理解语义和句子的实际用法，用来指导言语实践活动。可以采取理论先行的方法，也可以用在实践后进行理论概括的方法。

（2）实践性原则。第二语言习得的决定性因素是大量的言语实践，70年代进一步强调交际性的言语实践。这种交际活动不仅是第二语言教学的根本目的，也是主要的教学手段和途径。

（3）功能、情景、题材相结合的原则。在选择和组织语言材料方面，把意念—功能和情景—句型及题材几个方面巧妙地结合在一起,即吸取交际法从语言交际需要出发选择一定语义—功能项目的做法,同时结合结构法在典型情景中选择典型句型的做法,并组织在一定的题材之中。

(4) 口语领先原则。吸取直接法的主张,特别是在入门和初级阶段体现口语领先原则,在口语教学基础上进行书面语教学。

(5) 以句法为基础的原则。与直接法、结构法相同,认为句子是言语的单位,在句子的基础上学习单词和语法有利于培养学习者的言语活动能力。

(6) 综合性原则。语音、词汇、语法、修辞、民俗等方面以及听说读写技能综合进行教学,以培养言语活动能力。但同时也不排除必要的分科教学,在不同阶段对某一方面有所侧重。

(7) 考虑母语的原则。课堂上尽可能使用目的语,使目的语与学习者的思维建立联系。在初级阶段不排除有限度地使用学生的母语。翻译和对比可以作为一种教学手段,但翻译不宜作为主要的讲练手段;对比应体现在实际言语训练之中,而不是用于讲解。

以上特点可以看出,自觉实践法在理论体系上基本应属于直接法一派,但同时吸取了语法翻译法的长处,成为更具综合性的教学方法。自觉实践法体现了 60 年代以来苏联外语教学改革的经验,也体现了当今外语教学法各种流派融合的新趋向,很值得我们认真研究和借鉴。

6. 认知法

认知法又称认知—符号法,60 年代产生于美国,代表人物是美国心理学家卡鲁尔 (J. B. Carroll)。由于听说法重实践轻理论,重结构形式轻意义,重机械性的重复操练轻对目的语的灵活运用,因而难以培养高水平的第二语言人才。认知法主张在第二语言教学中发挥学习者智力的作用,通过有意识地学习语音、词汇、语法知识,理解、发现、掌握语言规则,并能从听、说、读、写方面全面地、创造性地运用语言。认知法的主张与听说法相对立,而且又重新肯定了强调语法学习和发展智力的语法翻译法,因而也被称为"现代语法翻译法"。

认知法的语言学理论基础是乔姆斯基的转换生成语法理论。认为语言是一种受规则支配的体系而不是习惯体系,人类学习语言决不能单凭模仿记忆,而是一种有意识的、创造性的运用过程。因此学习第二语言首先要理解句子规则,在此基础上进行有意义的学习,重在创造性地活用。认知法的心理学基础是认知心理学,强调学习是一个感知、记忆、思维、想象的过程,是大脑抽象思维活动的结果,而决不是简单的刺激—反应和模仿、重复。认知法还受到皮亚杰的"发生认识论"以及布鲁纳"学科结构论"和"发现学习论"等心理学、教育学理论的影响,有坚实的理论基础。认知法的特点是:

(1)在学习过程中要充分发挥学习者智力的作用,强调通过观察、记忆、思维、想象等活动,内化语言的知识体系,获得正确运用语言的能力,反对动物型的刺激—反应的学习。

(2)强调在理解、掌握语法规则的基础上,进行大量有意义的练习,提倡演绎法的教学原则。反对机械模仿(句型操练也应在理解句型的结构、意义基础上进行),同时也反对过多的知识讲解(教师的讲解不应超过教学活动总时间的五分之一)。

(3)以学生为中心,重视培养学生强烈的学习信心和浓厚的学习兴趣。强调以学生的活动和操练为主,注意培养学生的自学能力,充分调动学生的积极性和主动性。

(4)听说读写齐头并进,从一开始就进行全面训练,口语和书面语并重。

(5)适当使用学习者的母语,特别是进行母语与目的语的对比,可用母语解释一些比较抽象的语言现象,以利于目的语的学习,但反对滥用母语。

(6)正确对待学习者的错误,在学习过程中出现错误不可避免,对错误要进行分析,采取不同的处理办法。反对有错必纠,防止因纠错过多使学习者怕出错而影响到语言的运用甚至失去学习信心。

认知法的教学过程一般是从理解新语言材料及其语言规则的意义、构成和用法开始，经过围绕教材内容进行大量练习和操练以培养语言能力的阶段，最后进入脱离课文进行交际性言语活动以培养运用语言交际能力的阶段。

认知法把当代心理学的重要学派——认知心理学的理论用于第二语言教学。其最大贡献是更多地从心理学的角度研究第二语言教学，如强调对学习者和学习过程的研究，强调理解和有意义的操练，提倡以学习者为中心。这就大大拓宽了语言教学理论研究的思路，使第二语言教学法走上了更为科学的发展道路。认知法作为听说法的对立面而出现，它反对听说法的听说领先、侧重口语以及机械的操练，但也运用了听说法的句型操练手段和进行语言对比的方法。认知法基本上继承了语法翻译法重视自觉掌握语法知识的本质特点，但同时也要避免过多的语法知识的讲解、过分依赖母语和翻译、不重视口语和听说技能的缺点，因此认知法本身也体现了从不同的甚至对立的教学法流派中，吸取有益的成分并克服其片面性的倾向。另一方面，认知法的出现并没有取代听说法。有的学者做了认知法与听说法教学效果的对比实验，其结果并不一致。由于认知法的历史还不长，正在发展之中，其教学法体系还有待于进一步完善。

二、人本派与功能派教学法

20世纪60年代至70年代是第二语言教学法探索的空前活跃时期，出现了流派纷呈、百花齐放的局面。其中有一派受人本主义心理学的影响，更多地考虑人文方面的因素，特别强调以学生为中心，教为学服务，在教学中重视情感因素的作用，建立和谐融洽的同学关系和师生关系，充分发挥学生的主动性，着重从心理学的角度、从如何为成功的学习创造必需的条件方面探讨教学法。从这一共同特点出发，把它们归为一派，但在其他原则方面，它们之间的差别也很大。这一派教学法有团体语言学习法、默教法、全身反应法、暗示法、自然法等。

70年代还出现了至今仍影响最大的教学法流派——受社会语言学、功能主义语言学的影响，重视培养学生的语言交际能力的功能派。这一派主要是交际法。

1. 团体语言学习法

团体语言学习法60年代初创立于美国，代表人物为美国心理学家柯伦(C. A. Curran)。这是一种采用小组集体讨论的形式、教师和学生处于医生和病人的关系并把学习过程看成是咨询过程的第二语言学习方法，也称为咨询法。柯伦认为刺激—反应的行为主义心理学和认知心理学都不能解释学习问题，也不能提出有效的教学模式。根本问题在于重视学习过程中的情感因素，建立师生间相互信任、相互支持的创造性关系，从而使学生形成良好的心理状态。团体语言学习法的理论基础是人本主义心理学，强调整体学习观，认为人类学习是完整的人的学习，语言学习是一个整体的学习过程，不仅是让学生接受知识、培养能力，而且是既有认知思维的一面又有情感需要的一面，两者需要协调一致。为此，教师不仅要看到学习者"学生"的身份，更要看到他们作为"人"的身份，注重人的内在价值和潜能，发挥人的创造力。在语言学习中情感是一个决定性的因素，要相信学生能充分发挥自己的潜力，要尊重学生的感情和意见，真诚地对待学生。团体语言学习法吸取了心理疗法的理论和方法，认为人们在社会中生活，总要让别人了解自己并得到别人的帮助，因而把教师看作是咨询医生，把学生看作是病人。学生在语言学习中遇到困难需要向教师咨询求助，就像病人需要得到医生的帮助一样；学习第二语言的过程也就是学生向教师咨询、取得教师的了解和帮助的过程。咨询法的整体学习观和重视情感因素的特点，还体现在小组集体之间互相交流互相帮助,学习不仅是个人的努力而且是集体合作的成果。

团体语言学习法的基本程序一般是6～12个学生在教室围坐成一个圆圈,教师在圈外。学生用母语传达一个信息,教师译成目的语,学生如感兴趣就用目的语重复。别的学生则仍用母语进行这一话题,传达更多的信息,教师再翻译并让学生重复,会话就这样继续下去。学生也进行各种小组活动:讨论某一话题,准备对话,准备某一话题的提纲或故事。学生将在班上或小组的目的语会话用录音机录下来并转写下来或者把黑板上的句子抄下来,这就成了教材,用来对目的语的语言点主要是语法、词汇进行分析。如果学生愿意,作为被咨询者的教师可以给学生一些指导,解释一些语言规则,也可以引导学生归纳一些词语和语法的用法;对于学生的错误,则尽量少纠正,通过表达正确的句子让学生自己去发现,只有学生主动问起时才判断对错。学生还对课堂和小组活动的经验、感受进行思考,并向大家作报告。作为"病人"的学生,由完全依赖教师到逐渐不用翻译,由用目的语说一个词、一个短语到一个句子、一段话,直接用目的语与教师和同学进行自由会话交流。教师作为顾问的指导也逐渐减少。

团体语言学习法比较典型地体现了人本派教学法的特点,其最大特色是完全打破了以教师为中心的老传统,充分发挥学生的主体作用,重视人的主观因素和学习心理特点,注意建立良好的学习环境和人际关系,最大限度地发挥学生的主动性,让学生自己(或师生共同)决定学习的内容、方式。学生不再感到是被动的学习,没有怕犯错误的心理,也没有同学之间竞争的压力,而是在一种轻松、安全的氛围中学习,就像日常生活中的交谈一样。同学之间互相帮助共同切磋,有问题则向老师咨询,师生之间、同学之间非常融洽和谐,以利于取得最佳的学习效果。据柯伦自己进行的试验,在正规的大学班里采用团体语言学习法,学生在一年之内能有2～3门语言获得较强的理解能力,其中有一门能熟练掌握。这一教学法也存在明显的不足。首先是教师的指导作用发挥不够，尤其是起步阶段完全要求学生自己摸索，有时会事倍功半；而教学内容和方式一切由学生自己决定，从某种意义上说成了学生牵着教师鼻子走，又偏于另一个极端。它没有传统意义上的教学大纲，没有固定的教材，考试也不再占重要的地位——大纲、教材和考试都被看作是强加于学习者的东西而被忽视。但这样做是否有利于科学化的教学，还是一个需要探讨的问题。另一方面这也意味着对教师提出了更高的要求：教师必须有较高的业务水平和丰富的教学经验，要胸有成竹，才能在仅扮演顾问角色的限制下，因势利导随机应变，根据学生的咨询提供与之水平相应表达方式和结构规则。这是一般教师难以做到的。团体语言学习法也主张通过掌握基本语音和语法来掌握语言，这与结构主义语言理论是一致的，但在教学中对用语言规则来指导言语交际活动、促进交际能力的培养重视不够。

综上所述，恰当地运用团体语言学习法不是很容易的，但它所提出的教学主张开阔了人们的思路。

2. 全身反应法

全身反应法（简称ＴＰＲ）于60年代初期产生于美国，盛行于70年代，创始人是美国实验心理学家阿舍尔（James T. Asher）。这种教学法强调语言学习行为的协调，通过身体动作教授第二语言，主要用于美国移民儿童的英语教育。

全身反应法是以儿童习得第一语言的理论为依据。婴儿出生以后有相当长一段时期只听大人讲话，自己不出声，也没有人要他说话，只是对大人的指令作出反应，首先是身体的反应，在学说以前有大量听的机会。等到他准备好了并有说话的冲动才开口，从叫爸爸、妈妈开始学习说一些句子，至于读和写则要等五年以后。这种以右脑控制的非言语行为开始，也是易于成功的自然顺序。对儿童母语习得过程的发现，使人们把听力理解的重要性放到了首位，人们认为第二语言的学习过程也应是先听后说。

全身反应法的主要教学原则是：

（1）教学的总目标是培养学生的口语能力，但在发展学生的表达能力之前应先培养其对目的语的理解能力，也就是先进行充分的听力理解训练后才能转入说的训练（一般在20课时后才进入口语会话教学）。这样不但减轻了学生的压力，也可以使说的技能的发展有更稳固的基础，而已形成的听力技能则可以转化为别的技能。

（2）通过全身动作的反应来训练理解能力，有利于学习者掌握目的语。用祈使句进行的指令既是基本的语言交际行为，也是有效的语言训练方法，是全身反应法课堂的主要活动。研究证明目的语的大多数语法结构和许多词汇项目都可以通过教师的指令来教授，动词是语言教学的中心内容。

（3）在学习者已准备好并有了说目的语的要求时，再让他们开始学习说话，说的训练也是从让学习者向同学发指令开始。

（4）要减轻学生的心理压力，使学生在少焦虑的状态下学习语言并有成就感。对学生的言语表达不要要求太严格，采用带有游戏性质的教学方法，营造愉快的学习氛围，学生可学得更快。

全身反应法的教学过程，一般有以下几个步骤：

（1）教师先用母语介绍本课要采用的学习方法，然后一边发指令一边做示范，如"站起来"、"坐下"、"转身"等。教师发指令先让个别学生做，再让全班做。

（2）教师只发指令，不做示范动作，让学生自己做。先是全班做，然后几名同学做，再让自愿者上来做。

（3）教师将前后发出的指令结合起来，同时做示范动作；然后发指令让学生做。

（4）教师将前后发出的指令结合起来，但不做示范动作，先让个别学生做，再让全班做，并变化指令的顺序，让学生做出反应。

（5）教师把指令（短句子）写在黑板上，每次不超过3个。

（6）鼓励能说的学生发指令，让教师和其他学生做动作。

约在 20 课后进行对话教学，搞一些短剧、游泳、看图片幻灯等课堂活动。

全身反应法主张先理解后表达，通过动作指令学习语言，这是该法的一大特色，是对第二语言教学法的贡献。就其重视语法结构和词汇的学习、重视操练而言，受结构法影响较大。另一方面全身反应法又是以人本主义心理学为基础，尽管教师起着导演的作用，决定教什么、如何教，而学生作为演员主要是按指令行动，但该法主要考虑的是如何减轻学生的紧张心理，使学生的情绪放松，提高学习效率，因此从实质上看仍是以学生为中心。全身反应法在第二语言教学中有一定的影响，美国的一些汉语教师也在汉语教学中试用此法。但该法显然也有一定的局限性：对成人学习的特点注意不够，对读写能力的培养重视不够，而且用一般动作表达语义毕竟还受到一定的限制。因此，这种方法比较适用于第二语言学习的初始阶段，或者为了活跃课堂气氛在教学中插用此法。到中、高级阶段单独运用这一方法是难以达到教学目的的。

3. 暗示法

暗示法是由保加利亚精神病医学家和心理学家、教育家罗扎诺夫（G. Lozanov）于 60 年代中期创立的。这是一种强调通过暗示开发人的身心两方面的潜力，激发高度的学习动机并创造最佳学习条件，有意识的和无意识的活动相结合，让学习者在放松而又注意力高度集中的心理状态下进行有效学习的教学方法。暗示法以现代心理学和生理学为其理论基础。所谓暗示是指建议或诱导，以激发人的潜力，实现超过平常能力许多倍的超常记忆和超常创造性等。这种暗示常常用来解除一些已有的社会暗示对人的心理的束缚，如人们一般认为创造性的工作是很艰苦的，学习也总是要吃苦的，因而产生畏惧感；认为人的能力是有限的，人对新语言材料的吸收只能达到很低的水平，因而缺乏信心。在这些暗示的影响下，造成了一定的心理障碍。

罗扎诺夫还进一步针对以往教育中所存在的不符合人的生理、心理功能的做法，强调教育体系应与心理、生理学一致起来，提出教学中充分考虑到心理、生理规律的三个基本原则：

（1）学习活动应由整个大脑组织参与。以往的教育违反了人脑是功能的统一体的特点，在教学中情感情结与动机情结、形象思维与抽象思维不是同时活动，未能调动大脑所有部分的机能、加强两半球的联系。如能用大脑左半球吸收新的语言材料，同时又开动右半球的形象思维，两半球同时进入工作状态，能收到更好的效果。

（2）教学中的分析与综合应同时进行。以往的教学违反了分析与综合活动是紧密联系、同时完成的特点，教学中把两者割裂开来，区分为纯粹的分析阶段和纯粹的综合阶段。各种语言因素分别学习，独立于整体之外，通过令人疲乏的练习使之达到自动化；或者只考虑整体而不注意各组成部分。

（3）学习者的意识过程和超意识（即或多或少不自觉的心理活动）过程应同时地、不可分割地进行。以往的教学违反了在交际过程中人的个性在意识和超意识的许多层面上同时起作用的特点，在教学过程中常常只强调学习者用一种严格自觉的和理性的方式来学习各种语言要素，而忽视了综合课上可以通过直觉自发地学习的一面；或者只注重学习者的超意识和直觉力量，忽视有意识的学习。

为了把学习者从错误的暗示惯性中解放出来，正确的暗示主要采取两种手段：威信和稚化。威信是指教师的威信和信息来源的威信，教师作为学生的榜样和支柱，其威信在记忆语言材料的信心方面起着暗示作用。稚化指把成年的第二语言学习者看做是小孩，教师与学生的关系好像家长与孩子的关系，由教师组织他们参与各种对话、游泳、唱歌、体育；扮演各种角色，形成轻松愉快、自由自在、无忧无虑的气氛，重新获得孩童学习的自信和自发性。教师威信对形成稚化的气氛又起重要作用,而威信与稚化相结合,再加上音乐的运用,就形成了一种在放松和平静中全神贯注的心理状态(类似于音乐会上愉快而不易疲倦的集中精力状态),在这种状态下大脑的潜力能得到充分发挥,能产生超常的记忆力和超常的创造性。罗扎诺夫的实验表明,在音乐伴奏下讲解课文的收效比没有音乐伴奏的记忆效果要高出两倍多。

暗示法的特点是:

(1)布置舒适幽雅的环境,创造轻松和谐的气氛。运用音乐伴奏,不仅使精神和肌体得到放松,也使左右脑都能参与学习活动。这就消除了来自外部的精神压力所造成的紧张心理状态,使学习者心情舒畅、充满乐趣,以享受艺术的心情不断获得审美上的快感,激发其记忆力和想象力,为学习提供理想的条件。

(2)不仅要调动学习者有意识的活动,而且要通过各种暗示手段和形成的愉快轻松的心情,充分发挥无意识活动的作用,做到有意识和无意识活动协调发展,以挖掘学习者的学习潜力。在教学过程中应把学习者的主要注意力引向有意义、令人愉快的整个句子及其交际意义和功能,而对无意义的构成成分(如语音、词汇、语法等)则在第二个层面上通过无意识学习活动与整体同时吸收,不要加以过多的注意和令人乏味的机械操练。

(3)通过教师和教学材料的威信以及学习者的稚化,建立高度自信心,鼓励学生大胆运用目的语。对学习者多表扬、肯定,少纠正错误(错误由教师正面示范,让学习者自己改正),没有强制性的课外作业,更不要给学习者考试的压力,以免造成紧张的心理。

(4)在消除学习者的心理障碍、充分发挥其潜力的情况下,扩大语言材料的输入量。暗示教学法大纲所规定的语言材料比一般第二语言教学法要多出好几倍。基础语法从第一课开始就提供给学生,避免把学生限制在几个词和几个句型的范围内进行交际。

暗示法一期课程共10单元,30天学完,每单元学习3天,其重点是1200单词组成的对话和相关的词汇表、语法注释。暗示法的教学过程一般也分为展示语言材料和运用两个阶段。第一天是展示语言材料，第二天和第三天分别对课文进行初步和进一步讲练和运用。初步练习为对课文对话的模仿、问答、阅读以及对该单元的150个新词的操练；进一步练习包括鼓励学生根据课文对话进行重组和改编，阅读跟对话平行的小故事或短文并进行练习。此外，全课程中还有两次运用的机会。一次在期中，要求学生在未来可能遇到的情景中（如旅馆、饭店）练习运用目的语，另一次则在课程的最后一天，要求人人都参加根据教材内容编制短剧并进行即兴表演。第一天的四小时课又分为三个阶段。第一阶段是对前面学过的内容进行口头复习；第二阶段是介绍和讨论新的材料，包括学生对词汇语法或课文提问题，教师作解释；第三阶段是伴随音乐的听力练习，最能体现暗示法的特色。

暗示法对课堂环境的布置有特殊要求，把教学环境作为间接教材的一部分。要求教室有可调节的柔和光线，有播放音乐的设备，墙上贴有目的语国家美丽的图片，舒适的软椅排成半圆形，甚至可以用沙发、地毯和床来代替课桌椅。学生或躺或坐，心情松弛、平静而愉快。教师让学生听几段经过特别选择、深沉而富有哲理的古典乐曲或现代轻音乐，使学生进入一定的音乐状态。为了消除紧张心理和一切杂念，有时教师在放音乐的同时还带学生做肌体和精神的放松练习（如配合音乐的节奏做深呼吸运动），目的是使学生得到很容易地吸收新语言材料的暗示。接着教师随着背景音乐的抑扬节奏，并借助于表情手势朗读新课文，学生边听边看带有母语译文的课文，也可以轻声跟读模仿。音乐的第一部分和第二部分之间有几分钟的间歇，有时允许学生活动一下。在第二部分音乐开始之前也有几分钟的静默，教师再朗读课文并要学生合上书听。学生以轻松愉快的心情听教师的朗读，可以产生有意和无意的认知活动，在不知不觉中记住许多语言材料。

暗示法特别强调在第二语言教学中运用心理、生理学规律和心理疗法的方式,对教学过程进行心理组织。是一种颇具特色的教学方法,给第二语言教学带来很多有益的启示,也成为欧洲教学法的一个热门讨论题。但正如有的西方学者所说,暗示法受到最热烈欢迎的同时也受到最尖锐的批评。该法强调了记忆,而对语言知识的系统传授,对语法规律之于语言交际的指导作用则重视不够。暗示法大力提倡学习环境的布置和轻松愉快的课堂气氛的营造,是必要的,但过分强调则又带来了片面性。且不说该法提出的课堂环境布置的要求,不是一般学校能做到的;更需要探讨的是,语言学习中是否应该完全排除紧张和焦虑?学习者不付出一定的艰苦努力勤奋学习,能否达到掌握一种全新的语言交际工具的目的?

4. 交际法

交际法又称"交际语言教学",较早称为"功能法"、"意念—功能法",是以语言功能和意念项目为纲、培养在特定的社会语境中运用语言进行交际能力的一种教学法。交际法产生于70年代初期西欧共同体国家,中心在英国,创始人为英国语言学家威尔金斯(D. A. Wilkins),代表人物还有英国的语言教育家亚历山大(L. G. Alexander)、威多森(H. G. Widdowson),荷兰的范埃克(J. A. VanEK)等。交际法最有名的教材是《跟我学》。

70年代西欧各国间为了加强政治、经济、文化、科学和军事等方面的交流合作,迫切需要解决语言障碍,更快更好地培养大量能掌握欧洲共同体国家主要语言交际能力的人才。而当时盛行的教学法,不论是英国的情景法或是美国的听说法都只是把注意力局限在语言结构的掌握上,忽视交际技能的训练。为此,改革教学、建立一种新的第二语言教学法势在必行。1971年5月欧洲共同体文化合作委员会召开会议讨论成人外语教学问题,几个月后又召开专家会议讨论制订欧洲现代语言教学大纲。经过欧洲各国一百多位专家数年的努力,终于完成了欧洲各主要语言初级阶段的教学大纲《入门阶段》和英语作为第二语言的教学大纲《初阶》。威尔金斯于1972年初步提出、1976年正式出版了《意念大纲》，这些研究成果的问世为交际法的发展奠定了基础。由于一批体现了交际法教学原则的教材的出现并产生很大影响，以及教学法专家、课程设计单位甚至政府对这些原则的迅速接受，使交际法很快得到推广，从一种可替用的教学大纲发展成一种教学途径，从主要流行于英国到推向全世界，成为当前影响最大的教学法流派。

60年代开始，语言学研究的重点由语言的形式结构转向语义、语言的使用和语言的社会功能。交际法的语言学理论基础正是60年代兴起、70年代形成高潮的社会语言学，交际法的语言观认为语言是表达意义的系统，其基本功能是社会交际，语言学不应仅仅研究语言的形式，更要关注语言要完成的社会功能以及语言在人们社会交往中受到的制约因素，因此，第二语言教学的目的不仅是让学习者掌握语言规则、能正确地运用语言，更要掌握语言的使用规则，得体地运用语言。就对交际所产生的影响而言，后者甚至比前者更为重要。

在心理学的理论基础方面，交际法受到人本主义心理学和60年代后期兴起的心理语言学的影响。交际法强调以学生为中心，首先要分析学习者对第二语言的需要，通过"需要分析"选择应该学习的语言功能和语言形式，教学内容和教学方法的决定都必须从学习者的需要出发。交际法还认为学习者在言语中出现一些错误是正常的也是不可避免的现象，学习者所能追求的不可能是完美无缺的交际，而只能是有缺陷但有效的交际，因此对学习者的语言错误不应苛求。心理语言学的研究表明，人们在言语交际中首先确定要表达的内容(功能和意念)，然后才有语言表达的形式，因此交际法与一般教学法相反，主张在教学中应采取从功能意念到表达形式的教学路子。交际法一反其他教学法以语法或句型结构为纲的传统做法，明确提出以功能意念为纲。功能是用语言做事，完成一定的交际行为。交际大纲把语言功能分为六类：①传达与了解实际情况，如判明、报告、纠正、询问等；②表达或了解理智性的态度，如同意、可能、知道、确定、必须、接受、拒绝等；③表达或了解道义上的态度，如道歉、原谅、赞同、反对、遗憾等；④表达或了解情感性的态度，如高兴、不高兴、喜欢、满意、失望、意愿、需要、希望等；⑤请人做事，如请求、警告、指令、建议等；⑥社交，如问候、介绍、告别、祝酒等。意念指功能作用的对象，也就是功能的具体内容，常用来回答"什么"、"谁"的问题。意念又分为普通意念和特殊意念。普通意念指与功能相关的时、空、数量等关系，比如表示存在、空间、时间、数量、质量、心理关系、指代等，适用于各种话题和背景，是所有学习者都必须掌握的，与功能称为"共核"；特殊意念是由话题直接决定的词汇项目，也就是各类词汇，如个人身份、住处、业余爱好、旅行、健康福利、买东西、食物饮料、花鸟鱼虫、家庭社会、服务行业、问路、语言、天气、公共标志等。以"邮局在哪儿?"这个句子为例，其功能是询问，问的内容是"位置"，这是普通意念，"邮局"则是特殊意念。功能、普通意念、特殊意念是交际的三大要素。除了这三大要素外，人们的交际活动还涉及到情景、社会、性别、心理等作用，语体或语域，重音和语调，语法和词汇，语言的辅助手段等因素。比如社会、性别、心理等作用就包括社会身份、职业、性别、与对方的关系、双方的感觉等。同一功能和意念在不同的社会地位、身份、性别的对话者之间，就有不同的表达方式，这是由体现社会行为准则的语用规则所决定的。语体或语域在语言形式中占有相当重要的地位，一般分为严肃体、正式体、中性体、非正式体、亲昵体五种，需要根据对话者的身份关系、使用场合及谈话的内容而进行选择。交际法主张以功能意念为纲并非否认语言知识的教学。在交际大纲中，不论是功能或意念项目都有相对应的语言形式。语言能力（语法能力）是交际能力不可少的组成部分，语言形式结构的掌握也是教学的重要内容之一。交际法并不绝对排斥适当的句型、词汇的操练,只是强调语言形式是实现语言功能的手段,学习者是为掌握功能而学语法,因此语言形式结构的教学要服从于语言功能。

从以上交际法的主张可以看出其特点是:

(1) 明确提出第二语言教学目标是培养创造性地运用语言进行交际的能力,不仅要求语言运用的正确性,还要求得体性。

(2) 以功能和意念为纲,根据学习者的实际需要,选取真实自然的语言材料,而不是人为的"教科书语言"。

(3) 教学过程交际化,交际既是学习的目的也是学习的手段,在教学中创造接近真实交际的情景并多采用小组活动的形式,通过大量言语交际活动培养运用语言交际的能力,并把课堂交际活动与课外生活中的交际结合起来。

(4) 以言语交际的主要形式——话语为教学的基本单位,语音、词汇、语法主要通过话语情景综合教学,必要的句型操练也是为掌握话语能力服务的,并结合话语进行。

(5) 单项技能训练与综合性技能训练相结合,不排斥单项技能训练,但要以综合性训练为主,最后达到在交际中综合运用语言的目的。

(6) 通常按话题螺旋式地安排语言材料,将功能与结构结合在话题之中,循序渐进地组织教学,每一话题有几次循环,每次逐渐增加难度。

(7) 强调言语交际的内容和信息的传递,不苛求语言形式,对学习者在学习过程中出现的语言错误要有一定的容忍度,不影响交际的错误能不纠就不纠,尽量鼓励学习者言语交际活动的主动性和积极性。

(8) 根据学以致用的原则,有针对性地对不同专业的学习者进行"专用语言"的教学,如科技英语、法律英语等"专用英语",突出不同交际目的和方式、不同交际范围里所使用的目的语的特点,在所选用的语言材料及听说读写言语技能训练方面都体现不同的侧重点。

交际法适用于语言学习的任何阶段和任何技能的教学,很难列出其典型的教学过程。大体上分为以下几个步骤:

(1) 展示新语言材料。一般为真实、自然、连贯的对话(一段或数小段),常通过图片、实物在一定的情景中展示,展示过程中突出该语言材料的情景和功能。

(2) 对每段对话进行口头练习。包括朗读,根据对话的话题与情景进行问答,并进一步以对话的主题为中心结合学习者的个人经验做问答练习。

(3)学习对话中出现的基本交际表达法及其相应的语言结构,帮助学习者发现并总结用于表达功能的结构规则。

(4) 在教师提供的一定交际情境中,让学生运用学过的语言形式从有指导地到完全自由地表达自己的思想。常采用游戏、谈话、即席讲话、讲故事、讨论、辩论、扮演角色、即兴表演等解决问题的活动,以培养学生在实际生活中的交际能力。

交际法博采众长,从当代语言学和心理学研究的最新成果中获取营养,它受到诸如社会语言学、人类语言学、功能主义语言学、语用学、话语语言学、跨文化交际法、言语行为理论、语言变体研究直到中介语理论的影响,受到人本主义心理学的影响,因而具有雄厚、扎实的理论基础。同时它又吸取了直接法、情景法、听说法、视听法等教学法的长处,并注意克服它们的缺点。交际法明确提出培养交际能力这一语言教学的根本目标,并力图通过教学过程的交际化来加以实现;提出功能意念范畴,并依此制订了教学大纲,突破了以语言结构为纲的传统观念;强调从学生的需要出发提供真实自然的语言材料,主张以话语为教学单位以代替"句本位"的传统做法;重视语言运用的得体性和流利性,并以一种全新的观点对待学生的语言错误。上述原则对语言教学理论的发展起了重大作用,同时也为人们广泛认同与接受——尽管在具体理解和实践上仍存在不同变体和模式,这就使交际法成为迄今为止影响最大也最富有生命力的教学法。另一方面交际法提出的时间不长,正如范埃克所指出,由于社会急需,即使大部分问题还没有解决,专家还来不及把改革方案修改到自己满意的程度就得拿出来付诸实施。因此留下了很多尚未解决的难题,也存在着很多缺陷:

(1) 语言功能和意念是很广的概念,这方面的基础研究还很不够。如何按照交际的需要和教学的需要,科学地对功能和意念项目进行确定、分类和排序,像语法大纲那样完成作为教学依据的较为成熟的功能大纲和意念大网,还是有待解决的问题。

(2) 语言功能和语言结构在教学中的结合是长期以来难于解决的问题。在以功能意念为纲的情况下,往往难以照顾到语言结构的循序渐进和系统性,从功能出发容易忽视语言结构;过多地考虑语言结构又难以落实以功能为纲。除了功能结构外,还有话题、情境、语用、语体等多方面因素的协调,这就使教材编写和教学内容的安排成为十分复杂的问题。

(3) 课堂教学交际化难以真正做到。其主要原因是对教师的要求太高,特别是非本族语教师本身并非都能做到得心应手地用目的语交际。而且课堂中的交际毕竟受到一定的限制,与社会上真正交际还有很大距离。如何通过课堂上的交际活动培养交际能力,还是值得研究的问题。此外,过分强调课堂教学交际化还有可能忽视语音、语法、词汇等语言基本功的掌握,语言基本功太差也难以培养语言交际能力。

(4) 交际法在教学内容和教学方法上的革新,带来了教师培训、教材编写、测试评估等一系列新问题。教师的目的语水平和组织课堂教学的能力不一定适应交际法的要求;缺少真正按交际法原则编写的教材;现有的语言测试方法还难以评估语言交际能力。在这些方面必须作相应的改革,才能为交际法的实施提供必要保证。

(5) 允许学习者犯错误不等于对学习者的错误采取不闻不问的态度。事实证明走上这一极端不仅不利于学习者的进步,也不符合绝大多数学习者的意愿——他们希望从教师的纠错中得到帮助。

交际法对我国外语教学产生很大影响，培养语言交际能力受到我国外语教学界特别是外语专业的重视，有的高校还按交际法的路子编写了外语教材。我国汉语教学界从70年代末就在汉语教材编写中借鉴功能法的长处，并提出结构与功能相结合的教学法路子。由于我国的汉语教学是在汉语的环境中把汉语作为第二语言的教与学，培养学习者的汉语交际能力不仅十分必要而且也有可能，因此培养汉语交际能力已成为汉语教学界的共识。

三、第二语言教学法流派分析

上述各种教学法流派，很多对我们并不陌生。但由于研究不够，缺乏比较全面的了解，"借鉴"也往往是套用一些具体的方法技巧，甚至被一些表面的新奇所吸引。在目不暇接的形形色色的国外教学法的更替中，常感到困惑。不是对某种流派全面赞同，期待在教学中能产生奇迹，就是因运用的效果并不理想而失望，采取一概否定的态度。如何正确认识和对待国外教学法流派，对第二语言教师和研究工作者来说尤为重要。

1. 全面、系统地了解、研究各种教学法

本章开头已经提到，每一教学法流派都反映了内容非常丰富的教学法体系，涉及到教学的方方面面；同时它又不是孤立的现象，而是受到各支撑学科和其他学科的影响。正确地认识一种教学法就需要对其体系作全面了解，并研究对之产生影响的外部因素，同时还要从教学思想发展过程中分析出不同教学法之间的区别与联系。这样不仅对某一教学法有比较全面的认识，而且还能进一步理清整个教学法发展的脉络，找出发展规律。因此，分析教学法流派主要应从三方面入手，即教学法的理论基础、所体现的主要教学原则和采取的主要教学方法。

上述四大派教学法从语言学的理论基础和语言学习理论看，大体上可以分为两大类。一类重语言结构规则，强调课堂中的自觉学习；一类重语言的功能意义，强调在课堂内外交际中自然习得。当然这两大类的划分不是绝对的，其中存在交叉现象。第一类重语言结构规则的，又分为两类：即主要受转换生成语法理论和认知心理学影响的认知派和受结构主义语言学和联结—行为主义心理学影响的经验派。认知派认为语言是能创造性运用、生成无限句子的规则体系，语言学习是学习者主动发现、掌握并运用语言规则的过程，是一种自觉的智力活动。认知法最典型地体现了这种语言观和学习理论；就主张自觉掌握语法规则而言，古老的语法翻译法也应属于这一类。经验派把语言看作是由音位、语素、句法等相互联系的单位组成的结构系统；强调客观事物与目的语词之间直接联结，强调通过刺激、反应和强化形成语言习惯。因而语言学习就是通过反复模仿、操练、巩固，掌握这一结构系统并形成习惯的过程。直接法、听说法、视听法集中体现了这一语言观和学习理论；而团体语言学习法、全身反应法和暗示法等人本派教学法，虽由于产生较晚，受到其他语言学理论一定影响，但在主要方面仍体现结构主义的语言观，强调掌握语言结构。不论是自觉掌握语言规则还是被动形成语言习惯，都是从语言知识入手，以语言形式为中心，运用课堂正规学习的方式通过大量练习把知识转化为技能。这是这一大类教学法共同的特点。

　　第二类重语言功能意义的教学法，主要受功能主义语言学和人本主义心理学的影响，强调语言的本质功能是社会交际功能，语言是表达功能意义的载体，语言学习应以语言内容为中心，通过对语言意义的理解和表达来掌握语言形式。不仅在课堂内而且在课堂外、不仅要自觉地学习更要自然地习得，在言语交际活动中逐步培养语言交际能力。同时这类教学法还强调以学生为中心，重视人的情感因素与人际关系，主张营造轻松愉快的学习气氛，学习内容和方式的选择应从学习者的需要出发，注意清除心理障碍，充分发挥学习者的潜能。这种语言观和语言学习理论不仅集中地体现在交际法上，也部分地体现在人本派教学法上，并愈来愈对其他教学法产生影响。

从教学目标来看，上述两大类教学法有明显的不同。重语言结构规则的一类，强调语音语法词汇知识的教学和口语听说技能的训练，追求语法语音的准确性；重语言功能意义一类则强调语言交际能力的培养，追求在交际中能成功地表达自己和理解别人。

从教学内容的选择和顺序安排方面来看，重语言结构规则的一类（最典型的如情景法、听说法等）着重语言点的学习，教学内容强调"如何说"，并根据内容的难易程度或出现的频率确定教学顺序，这一顺序对所有学习者都是相同的；重语言功能意义一类（如功能法特别是专用英语教学）着重题材的学习，教学内容强调"说什么"，教学顺序由学习者交际的需要来确定。两者的差别甚至从大纲的模式就能区分出来。重结构规则的大纲往往带有语法项目表、词汇结构表和词汇表；而重功能意义的教学大纲则规定出用于交际的功能、意念、话题，也包括语法和词汇内容。人本派教学法较少使用大纲一词，团体语言学习法根本没有事前准备的语言教学大纲，从观察实际课堂教学分析，该教学法所侧重的还是词汇语法即"如何说"的问题。

从学与教的活动类型来看，绝大部分教学法特别是重结构规则的教学法，其教学过程都以传授式为主，在教师的主导下系统地传授知识（作为语言教学当然也包括语言技能的操练），从最古老的语法翻译法到直接法、听说法、视听法等都体现了这一特点。人本派教学法则更多受到发现式学习的影响，主张在学习学科知识的同时让学习者通过自己的活动去发现知识、总结规律，这已成为团体语言学习法、全身反应法、暗示法等教学法的主要特征之一。不同教学法所经常采用的活动类型也不同。重结构规则的如听说法基本上采用对话活动和句型操练；重功能意义的如交际法则主要采用"完成任务"的活动，这种"任务"常常是参加者带有"信息差距"或要求"传递信息"。同一活动在不同的教学法中作用也不同，如交互活动的游戏在听说法中只是为了使枯燥的句型操练能有一些变化，为了增加学生的学习动力；而在交际法中同样的游戏则用来进行相互交流的练习。

从学习者对学习过程所起的作用来看，在情景法、听说法、视听法中学习者只是一种刺激—反应的机器，几乎发挥不了任何作用。而在交际法中首先强调要分析学习者对目的语的需要，弄清学习者未来要用目的语从事什么样的活动，需要什么样的运用目的语的能力，让他学习他所需要的内容。教学过程交际化决定了学习者在整个教学活动中处于主体的地位，体现"自我学习"的过程，强调学习者个人经验在课堂学习中的作用。在团体语言学习法中，也是由学习者自己决定学习的内容和方式。

从教师的地位和作用来看，从语法翻译法到听说法、视听法等大部分教学法中，教学都完全依赖教师，把教师看作是知识的来源和教学的主宰；而功能派和人本派教学法中，教师只是起学习的促进者、顾问、引导者和示范者作用，师生之间的关系体现为医生与病人、教练与运动员的关系，甚至朋友、同事和队友的关系。教师的作用看似降低，实际上对教师提出了更高的要求。

从教材的作用来看，重结构规则的教学法要求教材对教学内容和进度作详细规定，并且要提供足以示范的结构规则和词语用法；功能派和人本派的教学法则强调教材应给教师和学习者自主性的发挥提供较大的空间，所用材料不应是专门为第二语言学习者编写的，而应是为本族语者所用的"真实"的材料。

2. 客观、辩证地对待各种教学法流派

以上对各种第二语言教学法流派作了分析与比较。那么，如何看待教学法的发展、演变？如何评价各种教学法流派？

(1)首先应该看到各种教学法的产生有其必然性和合理性。每种教学法的出现都不是偶然的，都是一定历史条件的产物，都是为了适应社会对语言教学的某种需求，各有其产生的原因和所负的使命，而且受到一定的语言学、心理学、教育学理论的影响。比如直接法是为了满足19世纪中叶西欧各国加强交流合作需要大量外语人才的社会要求，是为了解决语法翻译法所难以解决的培养口语人才的问题而产生的。当时语言学的发展、对儿童语言发展研究所取得的成果，以及联结主义心理学理论，都为直接法的产生提供了理论基础，创造了必要的条件。到了二次大战期间，由于战争需要大量具有外语听说能力的军事人员，听说法正是在这一历史背景下应运而生的。而结构主义语言学和行为主义心理学，又从理论上支持了这一新兴的教学法。

（2）各种教学法之间存在着对立、排斥的关系，同时又有继承和发展的关系。新教学法往往是在前一种教学法遇到难以解决的矛盾而由盛转衰的情况下，提出针锋相对的主张而出现的，因此不同的教学法流派之间存在着对立的关系。上一小节已经详细分析了重语言结构规则和重语言功能意义两大类教学法之间的不同，现在我们再看看重结构规则一类中以直接法为代表的经验派与以语法翻译法为代表的认知派之间的对立。这一对立关系非常清楚地体现在以下几个方面：

语法翻译法：重书面语；重语言知识；重读写；依赖母语；用演绎法；重自觉思维活动。

直接法：重口语；重言语技能；重听说；排斥母语；用归纳法；重直觉刺激—反应。

另一方面，同一派的教学法之间，由于后者吸取了前者的优点，形成了继承与发展的关系，因而也体现了同一派的共同特点：

语法翻译法——认知法。

直接法——听说法——视听法——自觉实践法。

（3）各种教学法都有长处，也都有短处。新教学法由于针对旧教学法的缺点提出了新主张，弥补了旧教学法的不足，对语言教学规律的认识有所提高，因而获得了生命力，显示出优越性。但同时又由于缺少辩证的观点，过分强调某一个方面，走向另一个极端，又造成了新的片面性和局限性。比如，语法翻译法完全依赖母语，依靠翻译手段；而直接法则反其道而行之，绝对排斥母语，宁可浪费大量的猜测的时间，也不愿轻而易举地用母语翻译。在对待母语的问题上，这两种教学法都有片面性。

（4）新旧教学法没有互相取代，而是长期共存。不同教学法的侧重点不同，各有所长，都拥有相对真理，从不同的方面为第二语言教学理论的发展作出了贡献，也都能满足特定的社会需要和教学需要。因而新教学法的兴起并未导致旧教学法的消亡，连最古老的语法翻译法今天也仍然为人们所采用。各种教学法都在发挥自己的优势，并吸取其他教学法的长处以克服自己的不足，在自我完善以适应社会需要的过程中得到进一步发展。

思 考 题

1. 试分析语法翻译法、听说法和交际法各有什么特点？
2. 汉语作为第二语言教学可以从认知法、听说法、咨询法和交际法中借鉴些什么？
3. 根据你的教学经验，你认为好的教学法应具备哪些特点？

第六章 汉语作为第二语言教学的原则

20世纪60年代以来，第二语言教学法蓬勃发展之中还出现了一些非常值得注意的新趋向，这些新趋向将影响到今后第二语言教学法的发展。研究第二语言教学的各种流派的演变以及第二语言教学的发展趋势，都是为了探讨汉语作为第二语言教学的理论和实践问题，而其中的焦点又是教学原则。

第二语言教学原则是人们从一定的教育和教学目的出发，在第二语言教学实践基础上根据对语言规律、语言学习规律和语言教学规律的认识而制订的指导整个教学过程和全部教学活动的原则。科学的教学原则反映了人们对语言教学客观规律全面、正确的认识，成为教学活动必须遵循的基本要求，用来处理教学活动中的各种矛盾和关系。因此教学原则是教学法体系的灵魂。

一、第二语言教学的发展概况

第二语言教学作为一门学科在一百多年的发展中，大体上经历了酝酿时期和确定时期，并进入了进一步独立发展的时期。从19世纪80年代到20世纪初是这一学科的酝酿时期。这一时期以改革运动中产生的直接法及其对长期以来占主导地位的语法翻译法的挑战为特征，开始了对语言教学法的专门研究。

20世纪20年代至70年代是这一学科发展的第二时期，即确立学科的时期。随着以研究语言教学为主要任务的应用语言学于40年代初在美国的兴起，并于50年代～60年代主要在美国和英国的不断发展，学术机构开始建立，专业刊物先后出版，一些大的研究项目逐步开展，第二语言教学作为一门学科的地位得以确立。而语言学、心理学、教育学等支撑学科的新成果，又不断给这门年轻的学科以丰富的营养，使它迅速得到发展。这期间各种教学法如雨后春笋不断涌现，从40～50年代的听说法、视听法，到60年代的认知法和各种人本主义教学法、70年代的交际法，出现了百花争艳的局面。

70年代以来，第二语言教学理论研究的重点转向对习得过程、习得规律和学习者的研究。这一转变是受了乔姆斯基普遍语法理论的影响和心理学、教育学人文主义思潮的影响。这一转变的结果是第二语言教学终于找到了适合自身特点的特殊发展道路，不再仅仅依附于语言学这一门支撑学科，而是建立在语言学、心理学、教育学和社会学等多学科理论基础之上，进行跨学科的综合研究。这一新的发展趋势标志着本学科进入了发展的第三时期——体现本学科特点的独立发展时期。

由于历史的原因，我们所讨论的第二语言教学的发展概况、教学法流派和发展趋向主要限于欧美各国，并反映在英、法、德、西等西方语言作为第二语言的教学中（也包括前苏联俄语作为第二语言教学）。我国作为世界文明古国和语言大国，在语言教学理论方面一千多年前就有精深独到的研究，并记载在很多历史文献中，同时也积累了十分丰富的语言教学实践经验。我国的汉语作为第二语言教学发展50年来，我们在坚持从汉语的特点出发探索汉语作为第二语言教学规律的同时，也吸取了西方教学法流派的很多长处，逐渐形成自己的教学法体系。从古代到现在的我国汉语教学理论需要进行全面、系统的总结，对国外第二语言教学理论成果也需要认真加以研究。今天我们研究第二语言教学法流派的历史演变及当前的发展趋向，正是为了把它作为总结我们的过去、进一步探讨新的第二语言教学法体系的借鉴。

二、第二语言教学法的发展趋向

20世纪60年代以来,第二语言教学法的发展出现了一些新趋向,这些新趋向将会影响到新世纪的教学实践和学科理论研究。

1. 不同教学法流派在保持自己特色的同时,出现了综合化的趋向,教学法研究的重点转向指导教学的基本原则

随着教学理论和习得理论研究的深入,人们对第二语言教学规律和学习规律的理解也不断加深。特别是在长期的教学实践中,各种教学法流派既显示出其长处也愈来愈暴露出不足。人们逐渐认识到没有十全十美的教学法,在坚持自己的主要原则、保持自己的主要特色的同时,需要克服片面性,吸取对立面教学法的优点,相互学习取长补短。各流派逐渐抛弃门户之见,把探讨的重点转向教学的基本原则,处理好各种矛盾关系。在六七十年代出现的教学法中,我们已很少看到极端化的主张,而是尽可能综合各种科学的教学思想和教学原则,体现各种教学法的长处。综合化已成为教学法流派发展的一个主要趋向。以认知法为例,它继承了语法翻译法重视理解、掌握语言(语法)知识的同时,也强调听说技能的培养,进行大量的操练,包括听说法的句型操练。而且还吸取了人本派重视学习者的情感和动机、充分发挥学习者主动性的特点。再如自觉实践法从产生之初就主张兼取直接法和语法翻译法对立两派的长处,在其发展过程中又吸取了听说法、视听法甚至交际法的特点,成为一种综合教学法。而交际法更受到多种学科和理论的影响,在强调培养交际能力的前提下吸取了听说法、情景法直到人本派教学法的特点。就认知法、自觉实践法和交际法这三种各具鲜明特色的教学法而论,它们的基本教学思想已相当接近,也为愈来愈多的人所肯定。

由于教学目的、教学对象、教学阶段和教学条件的不同,事实上不可能有适应各种情况的万能教学法。很多学者主张应该根

据不同的情况，选择不同的教学法。美国学者黎天睦（T. Light）提出了"分阶段教学法"的主张，即根据不同学习阶段的特点，采用适当的教学法。初级阶段宜用听说法，中级阶段宜用交际法，高级阶段则用认知法或语法翻译法；同一阶段也可以几种教学法交叉使用。

2. 在探讨习得规律的基础上研究教学规律，第二语言习得研究为教学法的发展提供了更科学的基础

20世纪70年代以来，第二语言习得作为一门新科学的兴起对教学法研究产生了重大影响。人们认识到对"学"的研究是对"教"的研究的基础，教学法的探索必须以对学习规律的认识为前提。近30年来在第二语言习得研究方面所取得的初步成果，也进一步开拓了人们的思路，甚至出现了主要建立在第二语言习得理论基础上的教学法——自然法。另一方面，第二语言习得研究主要是对学习者学习心理过程和心理规律的研究，必然较多地运用心理学、教育学的理论和研究方法。这就不仅为第二语言教学法研究注入了新的活力，打开了新的天地，更为重要的是人们从中进一步认识到本学科作为综合学科的性质和特征，认识到本学科的研究离不开众多的相邻学科，特别是心理学和教育学从理论与方法上的支持。因而对明确整个学科的发展方向和道路，尤其是如何体现本学科的特色、走一条独特的发展道路，也不无有益的启示。

3. 培养运用目的语进行交际的能力正成为第二语言教学目的的共识

第二语言教学的目的是只让学习者掌握目的语的语言知识和一定的听说读写技能，还是培养运用目的语进行交际的能力，这个问题对大多数第二语言教师来说已经比较清楚。掌握第二语言的交际能力是社会现实对第二语言人才的要求；为了掌握语言交际能力当然又必须掌握一定的语言知识和言语交际技能。交际法产生20多年来为这一教学目的的实现积累了不少成功的经验，也

提出了不少难以解决的问题。目前人们讨论的主要问题仍是语言交际能力作为教学目的的界定,如何处理语言形式与语言功能之间的关系和如何探索并完善交际性课堂教学的途径等。

4. 以学生为中心,重视教学中的情感因素和人际关系是重要的教学原则

20 世纪 60 年代受人本主义心理学的影响,提出了"以学生为中心"的原则。随后,一系列人本派教学法如团体语言学习法、暗示法等的涌现,使这一原则初步得以体现;而其中的一些具体做法所引起的争议,又促使人们深入地思考这个问题。教师主宰课堂教学、学生听任教师摆布的传统格局,已从认识上为人们所否定,但如何发挥学习者的主动性、积极性,特别是如何重视情感因素在教学中的作用(20 多年前一般人几乎还没有意识到这个问题),建立和谐的师生关系和同学关系,依然是今后教学法研究的重点之一。

5. 加强教学手段现代化,迎接信息社会和网络时代的挑战

科学技术的飞跃进步和信息社会、网络时代的迅速到来,给第二语言教学质量的提高带来新的机遇,同时也给第二语言教学法研究提出了新的课题。这不仅是用先进的技术装备第二语言教学的问题,新技术的出现必然对教学目标、教学内容、教学过程、教学形式、教学方法、教师和学生的作用、教材的编写等带来一系列重大影响。这将会对现有的教学法体系产生巨大的冲击,甚至可能引起革命性的变化。这是第二语言教学法研究不能不面对的重要问题。

上述第二语言教学法发展的新趋向,必然而且已经对汉语作为第二语言教学法的发展产生影响。研究历史上的、外国的第二语言教学法流派的特点和今后的发展趋向,归根到底还是为了古为今用、洋为中用,有助于建立汉语作为第二语言的教学法体系。为此,需要从汉语教学的特点出发,博采众长,为我所用;同时要把握好今后的发展方向,高瞻远瞩,进行立足现在、面向未来

的学科建设。50年来我国汉语教学界在辩证唯物主义思想指导下，正是从汉语教学的实际出发，吸取了国外第二语言教学法各流派的优秀成分，摈弃其极端化、片面化的做法，不拘一格走一条综合化的路子。今天本学科大部分教师和学者仍主张继续进行"综合法"的研究。具体说来，这种综合法既应重视语言功能的教学和交际能力的培养，又应加强语言结构规则的教学；既强调语法知识的理解和掌握，又重视通过模仿操练形成习惯；既重视课堂上的自觉学习，并以此为主；又重视课堂和课下的自然习得，不排斥其辅助作用；既强调以学生为中心、充分调动学习者的主动性积极性，又重视教师的主导作用；教材既要用规范、循序渐进、有利于学习的材料，也要逐步增加"真实"教材的比重。当然，如何处理好这一对对矛盾关系，就是教学原则要解决的主要问题。

三、确立教学原则的指导思想

汉语作为第二语言教学原则不是凭空确定的，而是理论与实践相结合的产物。教学原则是由一定的教学理论所决定的，而教学理论又是在语言学理论、心理学理论、语言学习理论、教育学理论、跨文化交际理论、哲学理论等理论基础上，对汉语教学本身的规律进行研究而形成的理论体系。因此确定教学原则必须从教学理论以及上述理论基础中寻找依据。另一方面，教学原则又是长期以来教学经验的总结，人们正是不断地在教学实践中发现、验证教学原则并加以完善。探讨教学原则，应该考虑到以下几个方面：

1. 从相邻学科中汲取理论营养

语言学理论为最直接的理论依据，对语言特征的看法（语言观）直接决定教学原则。比如，语言的交际功能决定了语言教学的根本任务；语言是一种符号系统决定了语言教学的诸要素；语言作为生成系统的特征决定了语言教学中规则的掌握与技能训练的关系。新发展的语言学分支如话语语言学、计算语言学、工程语言学等,也给教学原则的确定带来了新的启示。

心理学理论和语言学习理论所提出的第二语言学习中学习者的心理活动规律、个体因素的作用以及学习过程等,涉及到教与学的关系原则以及提高学习效果的一系列原则。最直接的影响还是来自教育学所提出的普遍教学原则,如科学性与思想性统一的原则,理论联系实际的原则,知识传授与智能发展相结合的原则,教师的主导作用与学生的主动性、自觉性相结合的原则,统一的培养要求与因材施教相结合的原则,系统性与循序渐进相结合的原则,直观性原则、巩固性原则、量力性原则等,对汉语作为第二语言教学都是适用的,应当结合汉语教学的特点,在教学原则中得到体现。跨文化交际理论决定了有关语言教学中揭示文化因素的教学原则。

2. 要研究第二语言教学的共同规律,更要研究汉语教学的特殊规律

汉语作为第二语言教学是整个第二语言教学的一部分。第二语言教学的共同规律,特别是经过其他语种的反复实践已被证明了的规律,如有的学者所归纳的系统原则、交际原则、认知原则、文化原则和情感原则等五大基本原则[①],也是适用于汉语教学的;而今天第二语言教学的发展趋势,更值得我们关注。另一方面,对各种不同流派的教学方法,应以辩证的观点分析其长处与不足。应该看到,人们常提到的某些第二语言教学规律是以西方语言为基础的,不一定完全符合汉语的特点,需要通过汉语的教学实践加以检验;汉语教学本身又有很多特殊的规律(如汉字教学)需要我们自己来发现。因此在确定教学原则时,应该参考其他第二语言的教学原则,更主要的是总结我们自己的经验和研究成果,从汉语教学的实际出发,找出汉语教学自身的规律性。

---

① 束定芳等(1996)《现代外语教学》,上海外语教育出版社。

这里要特别提到继承我国语文教学的优秀传统和吸取我国外语教学的成功经验问题。我国有数千年的语文教学传统，在春秋战国时期就已发现并贯彻如启发式、循序渐进、温故知新、学思结合、因材施教、教学相长等重要教学原则，并形成了像对文学名著的大量阅读和诵记、在熟练诵记的基础上活用等行之有效的教学方法。虽然这些原则和方法是用于母语文教学的，但对第二语言教学也极富于启发意义。我国外语教学界非常善于吸取国外第二语言教学成果，并结合以汉语为母语的学习者的特点加以创造性地运用，他们的经验同样对我们有启发意义。

3. 从学习者的实际出发，根据不同的教学目的灵活运用教学原则

教学活动总是受具体的教学目的、教学阶段、教学条件和学习者个体因素的影响和制约，采取简单划一的做法不仅是行不通的，而且会扼杀新教学方法的探索。何况在许多问题上我们的认识过程还未完成，许多看法还有待于实践的检验；而教学原则又随着社会的发展和科学的进步，本身也在不断发展。因此我们既要根据汉语的教学规律总结出一定的教学原则，体现我们学科的特色；同时又不应把它固定化、模式化，要容许以不同方式来运用这些教学原则，提倡教学方法的多样化。

四、汉语作为第二语言教学的原则

半个世纪以来，我国汉语作为第二语言教学园地上的几代耕耘者创造性地运用了普遍的教学原则和第二语言教学的共同规律，从自己的教学实践中不断加深对汉语作为第二语言教学特殊规律的认识，同时也借鉴了国外各种教学法流派的经验，通过长期的探索和总结，针对汉语作为第二语言教学的特点，将基本教学原则具体化为以下十条：

1. 掌握汉语的基础知识和基本技能，培养运用汉语进行交际

的能力原则

这是总则,体现了语言教学的根本任务和对外汉语教学的目的,上文已做详细论述。为了达到培养语言交际能力的目标,应当注意:

(1) 首先必须把语言当做交际工具来教和学,尽可能做到如交际法所提倡的"教学过程交际化",鼓励学习者创造性地运用语言表达自己的思想。同时并不排斥(特别是初级阶级)为了掌握语言形式并养成习惯,适当采取听说法所强调的句型操练等机械训练方式。

(2) 能力的培养离不开知识的掌握和技能的训练,语言知识的学习、语言规则的内化是形成语言交际能力必不可少的条件。因此,要重视基础知识的教学;但语言知识的教学要为培养言语技能和交际能力服务,通过练习把语言知识转化为技能和能力。

(3) 培养交际能力需要运用实际生活中真实的语言材料。即使在初级阶段也应选用一些与学生的水平相适应的"原文",到中高级阶段应更多地选用原文。但如果从一开始学习就把街上的店名、标志、火车时刻表、菜单等作为教材的主体,则是一种极端做法,不利于初学者对语言的掌握。

2. 以学生为中心、教师为主导,重视情感因素,充分发挥学生主动性、创造性原则

这条原则是针对教与学的关系而提出的,是一条根本的原则。强调学生是学习活动的主体,"教"只有通过"学"才能起到作用;"教"必须为"学"服务。这条原则主要体现在:

(1) 从学生的特点和需要出发,制订课程计划、教学大纲并确定教学内容、教材和教学方法。学习的内容应是真实而实用的,"学以致用"才能提高学习者的学习兴趣。

(2) 研究学生的个体差异,因材施教,在学习方法上给予指导,培养学生的自学能力并不断激发学生的学习动力。

(3) 课堂要营造轻松愉快的气氛,加强趣味性;课堂教学多

用启发式，发展学生的智力，体现以学生活动为主的积极性原则；建立融洽的师生关系，发挥情感因素的作用，排除学生心理障碍。

（4）让学生参与设计教学活动，多听取学生的意见，并根据所得到的反馈不断调整课程计划，改进教学。

（5）对待学生的偏误应采取严格纠正的态度，但纠错要根据其性质和发生的场合区别对待，注意方式方法。

在有"先生讲、学生听"，以教师为中心传统的我国，强调以学生为中心是十分必要的。另一方面，西方的某些教学法又走向另一个极端，只强调以学生为中心而忽视了教师的作用。我们认为在学校教育的范围里，在课堂教学的形式下，教师也是教学活动的主体，仍要起主导作用。语言教师的主导作用主要表现在组织、激励、示范、参与和指导作用。教师要按教学大纲的要求钻研教材，确定教学方法，组织好每一节课；要了解自己学生的特点，不断排除学生的心理障碍，激励学生的学习积极性；在目的语的运用上成为学生模仿学习的榜样；在一切课堂教学活动中，能以平等的身份参与；在学生产生语言运用偏误时，认真给予指导。

这条原则的精神实质，还是充分发挥作为教学活动两主体的学生和教师的主动性和积极性。

3. 结构、功能、文化相结合原则

这是近年来我国学者根据从事汉语教学的经验，总结、研究得出的一条教学原则。"结构"是指语言的结构，包括语法结构和语义结构。"功能"指用语言做事，即语言在一定的情景中所能完成的交际任务（这里还有个"情景"问题。情景通常指一定的交际场合、交际对象和交际目的。功能离不开情景，总是在一定的情景中实现。在结构、功能、文化的大三角中，我们把情景作为功能的一部分来研究）。这里所说的"文化"也是指语言教学范围里的文化，主要是在跨文化交际中由于文化差异而影响到交际的语言文化因素以及目的语国家的基本国情和文化背景知识。这三方面概括了我们的主要教学内容，而这三者的结合又体现了我们的教学路子。20世纪70年代初由威尔金斯的《意念大纲》引起的一场结构与功能之争,一直延续到今天尚未结束。我们认为结构与功能这对矛盾既是对立的,又是相互依存的。结构是用来表达功能的,功能离开了结构也就无法实现,在语言交际中两者是紧密结合在一起的。我们主张结构、功能、文化"三结合"的意思是:

(1) 结构是基础。国内外长期的汉语教学经验证明,从起始阶段开始的、通过系统的、循序渐进的语言结构的学习掌握语言规则,是第二语言学习者较迅速地获得语言交际能力的关键。反之,初级阶段忽视结构教学或完全打乱结构教学的系统性,会给汉语学习带来极其不利的影响。

(2) 功能是目的。学习语言结构是为了交际,因而结构是为功能服务的,结构教学必须与功能教学紧密结合。这表现在:结构教学要重视组装规则以解决表达问题,而不是把重点放在结构的分析上;按人类言语活动从意念到言语形式的顺序,从功能出发进行结构教学,而不是按传统的从形式到意义的顺序、以教授结构为出发点;要突出功能的教学,既要考虑到结构的系统性,也要注意功能的系统性。

(3) 文化教学要为语言教学服务。文化教学是语言教学不可或缺的一部分。语义和语用的教学,作为语言交际能力一部分的社会语言能力、话语能力和策略能力的培养,都离不开文化教学。文化教学要紧密结合语言教学,着重揭示语言交际中的文化因素,介绍文化背景知识。

结构、功能、文化的结合应贯串语言教学的始终。一般说来,初级阶段以结构为主,中级阶段要加强功能并巩固、扩展结构,高级阶段文化教学、特别是文化背景知识的教学分量应逐渐加大。

4. 强化汉语学习环境,加大汉语输入,自觉学习与自然习得相结合原则

语言交际能力不是仅仅靠课堂教学就能培养成的。语言环境的有无与好坏,学习者对目的语的接触面及目的语的输入量的多与少,都会直接影响到语言学习的效果。即使有使用目的语的自然环境,如何有意识地利用语言环境促进语言的自然习得,还需要深入研究。缺少使用目的语的自然环境,则更需要多方面创造语言环境为学习者改善学习的条件。

尽管对克拉申学习与习得的区分有不同的看法,但这一假说以及自然法、暗示法等教学法的经验,对我们还是有很大启示。既然事实上存在自然习得的现象,而且这种在语言运用中潜移默化的学习方式在培养目的语的语感、地道的语音以及言语交际技能等方面,能弥补从语言知识入手强调自觉掌握语言结构形式的正规学习的不足,我们就应该利用它,形成教学中的两条腿走路。在正规、自觉的课堂学习为主的情况下,自觉学习和自然习得相结合,以利于培养交际能力。为此必须强化汉语学习环境,加大汉语的输入,加强课外活动与社会语言实践并把它与课堂上丰富多彩的教学活动结合起来,更多地给学习者提供运用汉语的机会,形成课上课下、校内校外、学习与习得相结合的新教学体系。这将大大提高培养语言交际能力的效率。目前看来,不论是中国国内或海外的汉语教学,都需要加大学习者汉语的接触面和输入量。

5. 精讲多练,在语言知识的指导下以言语技能和言语交际技能的训练为中心原则

我们认为第二语言的获得,是"规则的学习"与"习惯的养成"两方面的结合。反映在课堂教学中需要正确处理讲与练、知识与技能的关系。

"精讲多练"是20世纪60年代初北京语言学院教师总结出的一条对外汉语课堂教学原则。"精讲"是对教师的知识讲授而言,适当的理论知识和语言规则的介绍,对成人学习第二语言是必不可少的;练习也必须是在理论和知识指导下进行。知识不能不讲但要讲得少而精;讲解的方法,我们提倡归纳法,但也不排除演绎法。"多练"是指学生在课上、课下要进行大量的练习,培养语言运用的熟巧度。练习方法,我们提倡综合性、交际性的练习,但也需要单项

单项练习。"精讲多练"体现了我们长期以来主张的"实践性"原则。

　　鉴于语言课首先是技能课、工具课，所以语言教学应体现以技能训练为中心的原则。根据目前学生入学时语言水平普遍偏低的情况，这一原则应从初级阶段一直贯串到中、高级阶段。这里所说的技能训练，不仅仅指听说读写言语技能训练，而且为了培养交际能力，还需要进行有关语用规则、话语规则和交际策略的言语交际技能训练。

　　6. 以句子和话语为重点，语音、语法、词汇、汉字综合教学原则

　　这条原则涉及语言要素的教学。语音、语法、词汇的教学可以在不同阶段有所侧重，甚至采取语音教学阶段、语法教学阶段等分阶段教学的做法。但语言诸要素只有组成句子或话语时，才能较好地发挥交际工具的作用，所以我们主张以句子和话语这两级语言单位为重点，语音语法词汇综合教学。句子是语言交际中表达完整意义的最基本的运用单位，是语音、语法、词汇的综合体。长期的教学实践也证明通过句型能较好地掌握语言的组装规则。因此从第二语言教学的角度考虑，句子仍应是教学的重点。随着话语语言学的兴起，人们对言语活动的研究更加深入，认识到第二语言教学中除了传统的句子操练外，还需要加强话语的训练。话语教学是一个新的研究领域，目前已有的研究成果还难以运用到教学中去。与这一问题相关的是，在进行单项训练时，要重视发挥体现语言整体运用的课文的作用。

　　7. 听、说、读、写全面要求，分阶段侧重，口语、书面语协调发展原则

　　这条原则涉及听说读写四项基本技能训练的关系和口语与书面语学习的关系。传统教学法，一派强调读写能力的培养，强调书面语的掌握；另一派则强调听说能力的培养，强调口语的教学。我们认为四项技能、口语与书面语互相促进、互相制约，都是语言交际中不可缺少的。因此我们主张全面要求、协调发展，但不

同学习阶段侧重点又有所不同。初级阶段突出听说或者适当的听说领先,特别是强调听力理解,是符合语言学习规律的;但由于汉字认写这一特殊问题,汉语教学从一开始就不能放松读写,而要紧紧跟上。中级阶段听说读写并重。高级阶段侧重读写,但听说训练仍要紧抓不放。在语体上,初级阶段既不宜过于口语化(不利于掌握基本结构),也不宜过于书面语化(难于掌握,也缺少现实的交际价值),要注意学习口语和书面语都能用到的"中性"语体。从中级阶段后期开始,加强两种语体的区分和转换。高级阶段要特别加强书面语的教学。

针对不同对象、不同学习目的和不同学习期限,听说读写和口语、书面语的侧重也应有所区别。

8. 利用母语进行与汉语的对比分析,课堂教学严格控制使用母语或媒介语原则

这条原则涉及目的语的教学与母语或媒介语的关系。以联想主义心理学为基础的直接法,强调在第二语言教学中,目的语与客观事物直接联系,无论是言语的理解或表达,都应避免依赖母语的翻译过程,强调培养用目的语思维的习惯,这是正确的。但母语的存在是一个事实,母语对目的语的迁移作用也是无法回避的。问题是如何发挥母语的积极作用而消除其不利的影响。利用母语或媒介语,主要指在教材编写和教师备课中进行语言对比分析,以确定教学重点;同时也是指在十分必要的情况下,教师在课堂上可以少量地用母语或媒介语进行难点讲解。但课堂上教师对母语或媒介语的使用必须很好地控制,能不用就不用。大量地用母语来讲解语法、通过母语来学习汉语或文化,决不是语言教学理想的做法,也难以培养运用汉语进行交际的能力。至于学生在课堂上则应严格体现"沉浸法"的精神,尽可能用目的语,除了必要的翻译练习外,不使用母语或媒介语。

9. 循序渐进,螺旋式提高,加强重现原则

本原则涉及教学内容的编排顺序问题。语言教学,不论是结

构、功能还是文化，都应体现由易到难、由近及远、由具体到抽象、先简后繁、先一般后特殊、循序渐进的原则，便于学生学习。由于语言知识和技能的掌握不可能一次完成，在教材编写和课堂教学中都应采取循环往复、加强重现、以旧引新、逐步深化、螺旋式提高的原则。传统的对结构、功能做线式安排，不讲究重现率的做法，已被实践证明是不符合语言学习规律的。

10. 加强直观性，充分利用现代化教学技术手段原则

语言教学要充分利用直观手段，如教具、图画、照片、实物和动作等，帮助学习者理解学习内容并加深印象，也有利于调动学习者的学习兴趣。随着科学技术的进步，现代化的教学技术手段已成为第二语言教学的重要组成部分。就我国国内少数民族的汉语教学而言，愈是在师资力量不足的边远、欠发达地区，愈需要加强现代化的教学手段，特别是网上教学，以提高教学质量。目前，汉语教学的主要资源仍只局限于教科书，主要的教学手段是靠教师的讲和练。与主教材相配合的阅读、听力教材不多，至于录音、录像、电脑、多媒体辅助教材就更少，网上远距离教学还刚刚起步。这种状况不利于汉语教学水平的提高。现在亟须研究如何从汉语的特点出发，充分利用现代化教学技术手段。

以上十条原则，前三条是总则，后七条是具体原则，大体上提出了解决汉语教学中各种矛盾的办法，也从不同侧面勾画出汉语作为第二语言教学法体系的轮廓。

思 考 题

1. 你认为在汉语作为第二语言教学中，如何解决"结构"与"功能"的矛盾？
2. 你认为在目前的教学条件下如何处理"老师讲"和"学生练"的关系？
3. 你认为从你们的学生的特点出发，如何处理"听说"和"读写"的关系？
4. 你认为在课堂教学中要不要用学生的母语？如何用？

第七章　汉语作为第二语言教学的教材

一、教材的重要性

教材是教师教学和学生学习所依据的材料，与教学计划和教学大纲构成学校教学内容的有机组成部分。在教学活动的四大环节中，教材占有很重要的地位。它是总体设计的具体体现，反映了培养目标、教学要求、教学内容、教学原则；同时教材又是课堂教学和测试的依据。因此，在第二语言教学中教材起着纽带的重要作用。教材体现了语言教学最根本的两个方面：教什么和如何教。教材水平的高低不仅能反映教学理论和教学法研究的深度，而且在很大程度上决定教与学的效果。有人把教材比作剧本，剧本是一剧之本，演员和导演凭借好的剧本才能演出有声有色的好戏来。教员也需要好的教材，才能上出好的课来；没有好的教材，就好比是无米之炊，高手也难以施展。教材不仅在教学活动中占有重要地位，而且在学科发展中也发挥着特殊作用。教材来自教学第一线，又直接运用于教学第一线，接受课堂教学的检验。通过教材的使用，还能反馈教学效果，引起对教学大纲和教学理论的进一步思考。一种新教学法或教学理论的提出，往往需要通过代表性教材来加以体现和传播。如人们一提到交际法马上就会想到《跟我学》。教材可以看做是教学理论研究和第二语言教学学科发展的前沿阵地和突破口。

狭义的教材指教科书，广义的教材除了教科书外还包括教学参考书、讲义、讲授提纲、图表、各种教学音像资料等。有人认为随着音像教学、电脑教学的发展，特别是使用真实的教材如莱单、火车时刻表等，教材的作用就会大大降低，甚至根本不需要教材了。这种看法未必正确。音像、电脑教学也得有教材，即使全部用真实的语言材料，也得去编选，用到教学上就成了教材。教材的内容和形式可以变化，但只要有教学活动，教材的重要性总不会改变。

二、教材的依据

编写一部好教材，要求编者对本专业的教学内容有广泛的了解和深入的研究。要有较深的教学理论修养，还要有丰富的教学经验。对学习者有很好的了解，才能把握住本课程的教学要求和教学特点，并能以此为依据选取最合适的材料，做出合理的安排。好的教材是学术性和艺术性很好的结合，体现了编者在教学内容和教学方法方面的研究成果。强调这一点是因为教材编写工作还受到轻视，或者把它看做是轻而易举的事而采取轻率的态度。

教材的依据是什么？

（1）语言学、心理学、教育学是理论基础。教材编者要具有理论语言学、心理语言学、社会语言学、心理学、教育学等方面的理论知识，并用以指导教材的编写。比如，确定作为教学内容的语音、词汇、语法，要受一定的语言学理论的指导；如何进行听说读写四项技能的训练，教材各个环节如何安排才有利于学习者的理解、记忆、掌握，都要受心理学、教育学理论的指导。

（2）语言教学理论和学习理论是直接理论依据。编写教材一定要受某种教学法理论，特别是教学原则的指导；每种教材也总是体现一定的教学法或受到多种教学法的影响。在编写教材时还要充分考虑到学习理论，如中介语理论、可理解的输入、学习者的个体因素等。

（3）目的语语言学和目的语文化是教材内容的源泉。确定教材的内容需要有目的语的语法大纲、词汇大纲、功能大纲、文化大纲等,以解决语法、词汇、功能、文化等方面的定量与分级问题。

(4) 教学计划与教学大纲是教材编写的直接依据。教材必须遵循作为总体设计成果的教学计划与教学大纲所做的规范。

三、教材编写的原则

上一节所谈的十项教学原则,也是教材编写和选用的原则。结合教材的特点,还可以概括为"五性":针对性、实用性、科学性、趣味性和系统性。

1. 针对性

教材要适合使用对象的特点。最基本的特点是,不同母语、母语文化背景与目的语、目的语文化对比所确定的教学重点不同。此外,还有不少其他特点。

(1) 学习者的年龄、民族、文化程度特点。给儿童编的教材与给成人编的教材在内容和方法上不能相混;给美国学生编的教材无论就语言教学或文化因素教学重点,均不可能适用于我国少数民族学生;给研究生、学者编的教材,也不同于给受过初、中等教育的一般文化程度学习者编的教材。

(2) 学习者学习目的的不同。为了专业目的正规的学习与为了某种实用目的临时性的学习有很大区别。为专业学习的学生编写的教材,要强调知识的系统性,强调扎实的基本功;为旅游者或临时运用汉语的人员编写的教材,则着重解决实用问题而无需系统知识的学习。前边还谈到为不同专业目的编写教材,如文科汉语教材、理工科汉语教材,也是为了加强针对性。

(3) 学习者学习的起点不同。根据学习者原有的目的语水平,可以分为初、中、高三级教材。

(4) 学习时限的不同。指总的学习时限和周课时,教材所要达到的目标必须在时间许可范围之内。短期班不能用长期班教材,强化班也不宜用普通班教材。

过去由于教材的种类比较单一，存在着一套教材（特别是比较优秀的通用教材）用来应付各种局面的现象，甚至中学生与大学生用同一套教材。不针对学习者的特点，无的放矢，必然影响到学习效果。另一方面，学习者的情况千差万别，不可能根据每种情况都去编专用教材。针对性不是绝对的，只能针对上述大的类型，逐步分别编写教材。通用教材也不会就此消亡。为了更好地解决针对性问题，交际法采用单元学分制，除了共核部分外，其他部分有平行材料可供学习者根据需要选用。也有学者主张设计板块式教材，板块间的组合有一定的灵活性，也能为学习者留下更大的选择空间。

2. 实用性

第二语言教材不同于语言学教材，主要用于培养语言技能和能力；语言知识要通过教学转化为技能，是为培养能力服务的。因此，教材的实用性十分重要，也只有实用的教材才能激发学习者学习的积极性。实用性主要体现在：

（1）教材内容要从学习者的需要出发，是学习者进行交际活动所必需的，是在生活中能马上应用的，也是学习者急于要掌握的。要避免无实际意义、无使用价值或者只是为了例解语法点的"教科书语言"和"教室语言"。

（2）语言材料必须来源于生活、来源于现实，要有真实性。从初级阶段开始就应该根据学生的语言水平适当选用一些目的语真实材料。要提供尽可能接近生活的真实语言情景，主要是目的语环境的情景，也应适当提供母语环境的情景。

（3）要有利于贯彻精讲多练的原则。既要提供必要的理论知识，更要提供大量的、充分的练习。练习是获得技能和能力的主要途径之一，是教材中的主要部分。练习要生动有趣，在形式和层次上要多样化。

（4）要有利于开展交际活动，使教学过程交际化。

3. 科学性

针对性、实用性以及后面谈到的趣味性、系统性也都属于科学性的范围。这里要特别强调以下几点：

（1）要教规范、通用的语言。我国规范、通用的汉语是普通话，规范、通用的标注音素读音的符号是《汉语拼音方案》，规范、通用的汉字是我国正式公布的简化字。第二语言教材都是利用拼音方案，使用简化字，教普通话。

（2）教学内容的选择要尽可能参照已公布的等级标准和大纲。

（3）教材内容的组织要符合语言教学的规律。顺序的安排要循序渐进，做到由易到难，由简到繁，由浅入深。题材内容也应从日常生活交际开始，由近及远，逐步扩大到社会生活、政治经济、文化传统等。新词语和语法点要分布均匀、合理，难点分散。要特别注意词汇和句型的重现率，循环复习，加强记忆。

（4）对语言现象（语音、词汇、语法、语义、语用等）的解释要注意准确性，避免造成对学习者的误导。

（5）教材内容要反映出学科理论研究的新水平，及时更换陈旧内容。另一方面，语言研究的新成果进入教材，又要持慎重态度，这也是科学性的体现。

4. 趣味性

教材内容和形式生动有趣，能吸引学习者，使学习者产生学习兴趣和动力，让相对说来比较枯燥的语言学习过程变得轻松愉快。教材的趣味性是十分重要的原则，也是长期以来教材编者感到难度最大的原则之一。尤其在初级阶段，加强趣味性往往被认为只有增加教材的难度才能做到；或者与此相反，把儿童教材中有趣的东西如童话、神话、寓言、谜语、歌谣等，简单地搬到成人教材中，使成人教材内容"稚化"（这不同于暗示法主张的学习者课堂活动方式的稚化）。趣味性也不能仅仅理解为说几句笑话、俏皮话，讲几个幽默故事。教材中适当穿插一些笑话、幽默是必要的。但同时要考虑到，由于文化差异，不同民族对幽默的理解和欣赏也不一样。由于历史传统、民族习惯、宗教信仰等因素的影响，某种文化的幽默甚至会成为另一种文化的禁区。像我国传统笑话中常出现的醉鬼、近视眼、和尚尼姑、小老婆、打手心等内容就不宜用于西方学生特别是中学生的教材中。那么，如何体现教材的趣味性呢？这是一个需要加强研究的课题。

（1）教材的趣味性与教材的实用性、交际性紧密相关。尤其初级阶段，要紧密结合学生的生活与交际，使教材的内容正是学习者所需要的。需要的东西自然愿意学，课上学的东西课后马上就能在交际中运用，就会觉得有兴趣。反之，学习者认为没有用、不需要的东西，就不可能产生兴趣。

（2）教材内容要反映现实，是学习者所关注的话题。像恋爱、婚姻、家庭、妇女、教育、犯罪、环境保护、老龄化社会、最新科技等话题都是年轻人所关心的，学习者都有自己的看法想要表达。到了中高级阶段愿意在一起讨论，特别是用目的语表达，会有更大的兴趣。

（3）教材内容要逐步加大文化内涵，多方面介绍目的语文化。汉语学习者一般对汉语文化和社会现实感兴趣，这种兴趣甚至可能成为他们学习汉语的动力。特别是中高级语言教材如能有丰富的文化含量，本身就体现了浓厚的趣味性。

（4）多样化是形成趣味性的重要因素。在语言教学需要的前提下，特别是在中高年级，除了题材多样化外，应注意体裁和语言风格的多样化。还要提供丰富多彩的练习方式，如游戏、对话、扮演角色、演剧等。

此外，教材版式设计活泼醒目，装帧美观大方，插图生动风趣等等，也是使学习者对教材产生兴趣的重要因素。

5. 系统性

教材系统性涉及到很多方面。首先是指教材内容在基本知识介绍和技能训练方面，也就是语音、词汇、语法、汉字等语言要素和听、说、读、写言语技能的安排方面,要平衡协调,有一定的章法。学生用书、教师手册、练习本、单元试题各部分要分工合理,相互呼应。纵的方面,初级、中级、高级不同阶段教材要衔接;横的方面,综合技能课与听、说、读、写专项技能课教材要配合。还要考虑图片、幻灯、声、像、电脑辅助教材的提供,从而形成系列的、立体的教材体系。

以上"五性"是编写和选用汉语教材要遵循的原则,也是评估汉语教材的标准。

四、教材设计的类型

汉语教材的类型,可以从教学类型、课程类型、水平等级、学习者特点、母语特点等不同角度来区分。本部分主要从教材编写的角度,即教材如何编排教学内容来分,主要谈教材编写体例和教材遵循的教学原则两个方面。

1. 按教材的体例分

(1) 综合型和分科型。综合型教材指主要用一套课本培养学习者的语言知识和言语技能,在一本书中包括了语音、词汇、语法、汉字要素和听说读写技能。这种综合型教材的长处是语言要素、言语技能在一本书中能紧密配合、协调安排,利于综合性训练。这种教材常常由一位教师教授。教师可以根据学生学习和掌握语言的具体情况,机动灵活地调整讲练的项目和训练方法,随时按需要增减听说或读写操练;技能训练围绕同一材料进行,有利于相互配合,精讲多练。缺点是四项技能集中于一门课、一位教师,对教师的经验和水平的要求较高,弄不好常常顾此失彼,各专项技能也可能得不到专门的训练。而且,一本教材也必然限制了大量语言材料的输入。

分科型教材按技能编写,这些教材都分为听说课本、读写课本、听力课本、说话课本、听力练习本、汉字练习本等,有的以一本教材——或读写或听说为主干,其他各本相配合;有的则为几本平行教材,其间有语法和词汇的"共核",各平行教材在着重训练某项技能的同时,又能复习巩固这些共核,并在教学内容上有所增加和扩大,而且学习者能接触到更多的语言材料。所以,分科型教材既能使每项技能得到充分的训练,其共核又能从不同的角度得到重视与巩固。但分科型教材也要注意,专项技能分别训练容易使四种技能割裂开来,削弱它们之间的联系,而交际中是很少运用某一单项技能的。同时开设几门平行课,需要处理好它们之间的关系,有的教材就因为平行课的配合问题而在实践中产生很大困难。此外,只有当学习者获得一定的语言运用能力时,才谈得上分科训练;开始阶段很难、也不宜进行分科教学。针对这一情况,20世纪90年代又强调了综合技能课与各门专项技能课组成的语言技能训练课程体系。

(2)单课制和单元制。单课制的编排方式是一课一个单元,几课以后有一综合复习。单元制是由几课内容或几种技能训练组成一个单元,一本书分若干单元。划分单元的方法,按语言结构分,相关的语法点组成一个单元,既避免了单调地、不自然地重复某一语法规则,也有利于学过的语法点在单元内各课的循环复习。有的则按内容或话题来划分,几课相近的话题或内容组成一单元,如日常生活单元、旅游单元、文艺单元、历史单元等,有利于学习和运用相关的词语,能对表达某一方面的内容集中训练。也有从技能的角度分单元,在同一单元中安排听说读写多项技能训练。

单课制和单元制各有其作用。一般说来,开始阶段以单课制为宜。这一阶段学习者需要尽快掌握一些基本结构,多接触一些不同话题的基本词语(主要是日常生活方面的)。单课制话题变换较快,而且脉络清楚,要求明确,适于初级阶段学习。在此基础上,初级阶段后期或中级阶段开始采用单元制,融会贯通,有利于培养综合运用语言的能力,也便于重点结构和词语的重现和巩固。

（3）直线式和螺旋式。这是指教材的语法结构或话题内容排列的方式。直线式安排就是将语法点或句型按难易排列，从第一课开始一课教一个或几个语法点，直到最后一课。除了在课文中重现外，同一语法点除个别因用法较复杂而分作连续几课介绍外，作为讲练的重点一般不会出现两次。迄今为止，大多数汉语教材都采用这一方法。但这种方法的缺点十分明显。编者企图一次就把某一语法点介绍清楚，并设想学了这一次，学习者就能基本掌握该语法点。这种一个问题一个问题依次解决的方式不符合语言学习的规律。掌握语法结构的过程需要循环往复。直线式的另一个缺点是按难易程度安排语法点往往是主观的，而且与学生的实际需要脱节。学生急于要运用的形式可能安排得很后，而尚未学到的语法点必须避免在课文中、练习中和交际中出现。以"了"为例，如果安排在第25课，那么前24课中就不能出现"了"，这样必然造成语言的不自然和交际的不真实。"把"字句因较难掌握，一般安排到最后，如果一学期能不用"把"字句（实际上是不可能的），只能给学习者这样的暗示：这种句型用处不大，使用机会不多，因而也为学习者的回避策略找到了依据。

交际法主张的螺旋式安排，也叫圆周式安排。即将话题和句型结构根据交际需要并适当照顾难易度分成几个圈，每圈都将主要话题和句型结构出现一遍，而圈与圈之间又逐步加深难度，呈螺旋式上升或是同心圆扩大之势。这样安排既能使学习者在较短的时间（一圈中）接触较多的话题和句型结构，便于及早地运用和交际，又能使同一话题和结构多次出现，反复巩固加深，符合认知规律和第二语言学习的特点。螺旋式安排应是今后教材编写的主要方法。

2. 按遵循的主要教学原则分

（1）课文型。以课文作为语言教学内容的粘合剂，以讲授课文为主，通过课文学习语言结构和词语。课文常常是原文（或稍加改写的原文），语言地道。课文又分为叙述、说明、描写等不同体裁，体现不同的语言运用特点。其优点是，在一定语境、一定文化背景中学习语言，整体认知，有利于培养话语能力和综合运用语言的能力。其缺点是语言要素和言语技能的训练不易突出，不适宜初级教材。传统的教材常采用这种以课文为中心的方法，今天也有教学理论强调课文的作用。这一类型教材比较适合于中高级阶段。

（2）结构型。以结构为纲，根据语法或句型结构的难易程度和词语的分布安排教学内容及其顺序。听说法教材比较充分地体现了结构型的特点。这类教材强调对句型反复操练，养成习惯。其缺点是对语言的交际运用重视不够。

（3）功能型。以功能为纲，根据功能项目——用语言完成的交际任务——的常用程度安排教学内容及其顺序，不考虑或较少考虑结构的先后。交际法教材有一类是典型的功能型教材。这类教材强调培养语言交际能力，缺点也正是交际法所存在的问题：对功能的研究还很不成熟，功能与结构的结合尚未得到很好的解决，容易忽视对语法结构的系统掌握。

（4）结构—功能型。结构与功能相结合，以结构安排为基础，同时考虑到结构所表达的功能，使结构应用于一定的功能。比较适合于初级阶段的第二语言学习。这是20世纪80年代以来我国汉语教材编写的主要路子。目的是为了弥补纯结构型和纯功能型教材的不足，并吸取两者的优点。但这类教材也未能很好地解决结构与功能的结合问题，容易让结构成为支配的因素，功能则成为附属，可有可无。

（5）功能—结构型。在结构与功能相结合中，由功能占支配地位，在一定的功能项目下教结构。这一类型比较难照顾到结构的系统性，对已初步掌握语言结构的中级学习者比较适用，而不宜用于初级阶段的学习者。功能—结构型与结构—功能型各有特色，适合于不同的学习对象，两者可以并驾齐驱，而对前者尤其要加强研究并体现到教材编写中去。

（6）话题型。话题是指会话的中心内容，如天气、家庭、职业、爱好等。话题型教材以话题为纲安排教学内容，在话题中常常突出一定的功能和结构，体现出综合性。由于话题大于功能，能包括几个功能，因此选题比较灵活，不受功能的限制。课文在话题型教材中起重要作用，因而能体现出一定的情景与文化，有利于培养综合运用语言的能力，培养交际能力。另一方面，以话题为纲，功能和结构的系统性均难照顾到。这一类型特别适合于初级阶段以上的口语教材，直至高级阶段的热门话题课。

（7）文化型。以文化知识为纲、结合语言教学编写的教材。文化知识指跨文化交际中与母语文化对比所显露出的文化差异，这类文化差异常常造成交际障碍。但这类教材必须与语言教学很好地结合，否则就成了文化教材而不是第二语言教材。这种类型在其他第二语言教材中有不少试验，汉语教材中按这个路子编写的还不多，今后也应该加强这方面的研究。

五、汉语作为第二语言教材建设中存在的主要问题

半个世纪以来，特别是近 20 年来，不论是针对外国学生还是国内少数民族学生，我们已编写出版了大量的汉语作为第二语言的教材。单对外汉语教材自 1958 年出版的第一部《汉语教科书》起，至今就已有三四百套。这些教材基本上满足了我国对外汉语教学的需要，其中一些优秀教材长期畅销世界各地，成为世界上使用最广泛的基础汉语教材。为国内少数民族学习汉语用的教材，也是从 20 世纪 50 年代开始出版，20 年来不断新编或修订，为我国少数民族汉语教学作出了很大贡献。但毋庸讳言，汉语作为第二语言的教材建设，还存在不少问题。

1. 教材的质量和品种都不能很好地满足教学的需要

就质量而言，教材雷同和粗制滥造的现象比较严重。在出版

的数以百计的教材中，有创意的、为人们所选用的好教材只占一小部分，不少教材特别是零起点的教材在构思、体例、选用的语料方面都是大同小异，看不出有什么新意，甚至看不出为什么要编这套教材。显然，这类教材在编写前的设计、论证中缺乏明确的编写目标，更没有在理论和实践上的新探索，甚至缺少对已有教材的认真研究。仅仅为了某种具体的目的就轻易动手，把教材编写这一复杂而细致的工程看得非常简单容易。这样产生的教材只能是低水平的重复，很难为人们所重视，有时甚至连编者自己都未必用，在书库堆积成山。雷同的教材不仅造成了人力、物力的极大浪费，也影响了真正有创意的教材的出现。

就品种而言，汉语作为第二语言教材的品种仍十分单调，不能很好地满足多方面的学习汉语的需要。数以百计的教材大都是初级教材和口语教材，中高级教材十分缺乏；为外国学生编写的教材多，而为我国少数民族学生编写的教材少；为成人特别是大学生编写的教材很多，而为中小学生编写的教材极少；为零起点学习者编写的教材很多，而为非真正零起点者，也就是为有一定家庭汉语环境的海外华裔子女、甚至其第一语言就是汉语的新移民子女编写的教材则更少；通用教材多，针对不同母语并在科学的语言对比基础上编写的教材以及专用教材还刚刚开始出现。

2. 缺乏基础研究，影响到教材的科学性

相当长一段时期里，我们很多教材都是在没有词汇、语法、汉字大纲，没有功能意念大纲以及文化大纲的情况下编写的，这是历史的局限性造成的。今天这些大纲正在研制中，有的已经初步完成，但尚不够成熟。上述基础研究的不足，必然影响到教材的科学性。以我们最擅长的语法结构部分而论，现有的教材基本上沿袭了20世纪50年代开始形成的汉语作为第二语言教学语法体系。运用这套语法体系，我们培养了一代又一代的汉语人材。这固然说明它基本上是成功的，但这套体系几十年来基本上没有大的变动，国内外汉语语言学研究的新成果未能及时运用以解决这一教学语法体系中的弱点和问题,这又暴露了它墨守成规的一面。各套教材基本上都是在"句本位"的思想指导下,忽视话语能力的培养,语段教学不但在初级阶段甚至在中高级阶段也未能落实。汉字教学的研究长期以来一直未受重视。反映在教材中,除了一个汉字笔顺表外,我们没有想出更多的办法来解决大多数第二语言学习者最感困难的汉字认、写问题。现在客观形势已要求我们要加快对汉字学习规律的研究。对语言教学中功能系统和文化系统的研究为时更短,认识也还是初步的。

3. 教学法的大胆探索不够,教材缺乏多样化

每种教材都是以一定的教学法为依据,教材是教学法的具体体现。近20年来我们在教学法的改革探索方面下的功夫不够,教学模式非常单一,也就导致教材编写路子的单一化。比如我们认同了结构与功能相结合的编写原则,在两者如何结合的问题上又比较倾向于"结构为主"的路子,因而80~90年代编写的"两结合"初级汉语教材,除了个别情况外,几乎都是清一色的"结构—功能"型。由于我们对功能的研究不够,这一类型的教材在句型和语法点的选取安排方面,与结构法教材并无太大的区别;而功能项目的选择又随意性很大,可有可无,可多可少,往往成为结构的附属品。其实"结构—功能"型不应看作是教材编写的唯一路子,也应该试试"功能—结构"型、"功能"型以及"文化型"的路子,使教材多样化。需要大力提倡对教学原则和教学方法进行创造性的思考,并体现到教材中去。

4. 利用现代化教学技术手段不够

我们大部分教材仍是以一本书、一枝粉笔为教学手段,甚至连学生练习册和教师手册都未能配备齐全。在充分利用音、像特别是电脑、多媒体技术方面,更远远落在其他第二语言教学的后边。

从世纪之交开始,汉语作为第二语言教材进入一个新时期。这一时期的特点将体现为结构、功能、文化更好的结合。上述教材

的不足之处，将在新一代第二语言教材中得到克服。我们期待更多、更好的新一代教材的涌现。而要真正称得上是"新一代的教材"，必须经过教学实践的检验。

思 考 题

1. 根据汉语作为第二语言的教学原则和教材的编写原则，分析一下你使用过的教材的优、缺点。
2. 你认为新一代汉语作为第二语言教材应该如何编写？

第八章　汉语作为第二语言的课堂教学

根据教学计划和教学大纲的规定，教师和学生共同参与的教学活动的过程称为教学过程。教学过程也是实施教学、全面完成教学任务的过程。在汉语作为第二语言的教学过程中，学习者在教师的指导和帮助下，逐步培养运用汉语进行交际的能力，对中国文化的了解得以加深，思想品德和文化素养得到进一步提高，同时其智力也得到发展，从而实现教育的总目的。教学过程的实质是学习者对目的语和目的语文化的认识过程，是学习者感觉、知觉、记忆、想像、思维、情感等一系列心理活动的过程。在这一过程中，教师和学生是教学活动的两主体。

汉语作为第二语言教学过程主要通过课堂教学和课外活动来实现。课堂教学是汉语作为第二语言教学的基本组织形式，课外活动是辅助形式。

一、教学过程的重要因素：教师和学生

构成教学过程的基本因素是教师、学生和教材。教师和学生是教学过程中教学活动的主体；教材则起中介作用，它所反映的教学内容是客体。这三个基本因素之间又存在四种关系，即教师与学生、学生与学生、学生与教材和教师与教材的关系。在教学过程中必须处理好这四种关系。教材作为教学之本的作用，上一章已经谈到。学生与教材的关系是指教材的内容和进度是否适应学生的特点。教师与教材的关系是指教师对教材的熟悉、掌握程

度。而实现教学过程、完成教学任务的关键,是正确地发挥教师和学生的作用,处理好师生关系和学生之间的关系。

1. 教师与学生的互动关系

教师与学生的关系就是教学原则中所提到的以学生为中心、教师为主导的关系,也就是在教师的指导下充分发挥学生的主动性和积极性。教师与学生之间的关系不是单向的,而是双向的、互动的。教师影响学生,学生也会影响教师。学生在教学过程中能得到进步,教师也同样得到收获。这就是常说的"教学相长"。

教师与学生的互动作用首先表现在课堂教学活动中。无论是语音、语法、词汇、汉字知识的讲练还是听、说、读、写言语技能和言语交际技能的操练,都不可能是教师或学生一方的活动,也不可能是教师对学生单向的活动。在教学活动中,既有教师讲解和提问给学生提供的刺激,也有学生以操练和回答做出的反应。教师就学习结果给学生提供反馈信息,在获得反馈的基础上,学生改进了的学习和教师调整后的教学又成为新的反应。师生之间如此不断地互动往复,把教与学的活动推向前进。可以说教学过程的每一个环节,师生之间都需要有密切配合的交往活动。另一方面,教师对学生的态度,也常常在不知不觉中对学生的学习产生影响。如教师对某个学生的批评或表扬,会影响到其他学生的学习方法或学习态度的改变。教师对他所喜爱的学生隐含的期望会有意无意地流露出来,从而对这些学生产生鼓励作用;但也可能同时在别的学生中引起嫉妒和反感。教师对他所不喜欢的学生隐含的厌恶也会有意无意地流露出来,引起有关学生的敌视或反抗。反之,学生对教师态度的亲近或疏远,也会影响到教师对其教学效果正面或负面的反思。此外,教师本身的品德修养对学生健康人格的形成也起着耳濡目染、潜移默化的教育作用。

特别需要提起的是,在第二语言教学中,师生的互动关系还必须考虑到文化差异所带来的影响。它给师生关系增加了复杂的因素。第二语言教师更需要对学生不同的文化背景有深入了解,要强调对学生采取一视同仁的态度。

为了顺利完成教学任务，师生之间应建立健康关系，这种关系既不是我国传统的师道尊严的上下关系，也不应是师生毫无界限的"哥们儿"关系。如果教师处于主宰地位，学生处于从属地位、就无法发挥学生的主动性、积极性；教师如果毫无权威性，也就无法发挥在教学中的主导作用。我们主张建立一种尊师爱生、团结合作的关系。这种关系应当以师生相互间移情性的理解为基础，即互相设身处地的理解，而不是教师对学生由上而下评价性的理解或学生对教师由下而上敬畏性的理解。这种关系的实质是相互真诚对待，表现为学生对教师的学识、教学和为人都能采取亲近、尊敬和信任的态度，教师对学生的学习和人格成长采取关心、帮助和严格要求的态度。

2. 学生之间的互动关系

学生在语言学习和品德养成方面所受的教育并非只来自教师一方，在很大程度上还来自其他同学，有时来自自我教育。学生在学习过程中需要排除一切干扰，克服各种困难，需要安排好自己的学习并随时进行自我评估，不断总结经验教训、改进学习，发挥自我教育的作用。同学之间的互动则起更大的作用。语言学习需要进行大量的练习活动特别是交际性活动，不可能采取一个人关门读书的方式。可以几个同学组成小组，在复习、做作业、自习中互相切磋、互相纠正、共同解决难题。实际上，学生也起着教师的作用。

由于学生之间的互动在语言学习中发挥着重要作用，因此同学之间也需要建立健康的关系。学生之间存在着学习动力、个性、学习水平和学习方法的差异，健康的同学关系应当是既互相学习又互相竞争的关系。一方面，由于各有学习的优势和不足，互相学习可以取长补短，共同提高；另一方面，学习中的竞争是正常现象。正当的竞争有助于激发学习动力和拼搏精神。鼓励相互超越，能达到共同提高的目的。同学之间的差异也可能造成不良的同学关系,那就是在学习上相互封锁、相互拆台的消极关系。因怕别人超过自己就不愿帮助别人,自己不如别人就生嫉妒之心或故意贬低别人。这种消极关系一旦形成,对大家都会产生负面影响。在不同文化背景的学生中,这种差异可能更为突出。其表现为,相互之间缺少来往,难以形成和谐的互动局面。比如爱表现自我、以口语见长的某些西方学生与比较拘谨内向、喜好个人读写的某些东方学生,在课堂活动中的表现很不一样,有时甚至难以协调。教师需要鼓励不同特点的学生相互影响,取长补短;同时又要在学生中淡化国别、民族意识,一视同仁,努力形成一个学习的整体。

无论是师生关系还是同学关系,都是教学过程中的人际关系。人本派教学法特别重视这一关系。因为只有健康的人际关系才能形成师生间的良性互动,才能更好地发挥教师和学生在教学过程中的主动性和创造性。

二、教学过程的基本阶段

不同的心理学流派从不同的角度对教学过程进行划分,提出了不同的模式。从第二语言教学特点出发,教学过程分为四个基本阶段,即感知阶段、理解阶段、巩固阶段和运用阶段。

1. 感知阶段

感知阶段的特点是,感性的语言材料通过视、听、读等途径被学生感知,进入大脑形成表象。这一感知过程是通过展示语言材料和进行初级操练实现的,特别是机械性操练,如模仿、重复、替换等。在感知阶段已开始了识记,主要是机械识记,并形成初步的言语技能。虽然感知的主要是第二语言的外部特征,但它为进一步理解打下了基础。这一阶段,学生的注意力、观察力和记忆力得到了锻炼。感知阶段是认识过程的开始。感知阶段要注意激发学生的学习兴趣,使学生产生主动学习的意愿。

2. 理解阶段

理解阶段的特点是，从感知的表象中进一步认识事物的内部结构和内在联系。学生通过积极的思考，运用综合、分析、概括、推理的方法，并联系已有的知识，从感知的大量语言材料中进一步了解言语的含义、结构规则和用法。这一阶段是在教师的讲解、帮助下完成的，是从感性认识发展到理性认识的阶段，也是识记，特别是有意义的识记的完成和记忆保持的开始。这一阶段是发展学生思维能力的重要阶段。

3. 巩固阶段

理解了的知识必须通过实践才能得以巩固。巩固阶段是从理论到实践的阶段。这一阶段的特点是从识记、理解的大量语言材料中归纳出目的语的规则和用法，扩大、完善目的语的知识结构，并通过各种练习（主要是有意义的操练）和交际实践，内化这些规则并形成言语技能，使其长期储存在大脑中。这一阶段完成记忆的保持并开始记忆的再认。很好地组织复习对巩固新知识、避免遗忘十分必要。练习是保持对语言规则记忆的最有效途径。本阶段有利于培养记忆力。

4. 运用阶段

学习第二语言的目的在于运用。经过感知、理解和巩固的语言知识和言语技能，只有成功地运用于交际中才能达到教学的目的。这里所说的运用是指在真实的语言情境中进行的言语交际活动，当然也包括一部分课堂中模拟交际的练习。只有通过真实的交际活动，才能切实提高语言交际能力。这也是记忆的再认阶段，是以培养学生创造力和想像力为特点的阶段。

语言运用的效果本身就是对整个教学过程的评价。在教学过程的最后阶段，还需要对各阶段所形成的知识、技能和能力进行总的检验和评价，从而获得对教学的反馈。

以上教学过程的四个基本阶段是相互衔接、紧密联系的有机整体。后一阶段以前一阶段为基础，又是前一阶段的提高。这四个阶段基本上反映了课堂教学的主要环节。

三、汉语作为第二语言课堂教学的特点与环节

课堂教学是指教师根据教学大纲规定的目的、任务和教材,运用恰当的教学方法,在规定的时间内对固定班级的学生进行某门课程教学的形式。

1. 课堂教学的地位与目标

在学校教育中,课堂是实施教学的主要场所。课堂教学是教学的基本组织形式,集中地体现了教学过程。教学过程的感知、理解、巩固、运用阶段主要在课堂教学中完成。实施教学计划,贯彻教学原则,运用教学方法,完成课程教学并实现教学目标,主要都是靠课堂教学。总体设计和教材编写必须考虑到课堂教学的特点和需要,并接受课堂教学的检验;成绩测试要从课堂教学的实际出发,并给课堂教学以反馈,所以说,在教学活动的四大环节中,课堂教学是中心环节。要提高教学效果,就要提高课堂教学质量。教师的素质,他的教学能力,也主要反映在课堂教学中。

汉语作为第二语言课堂教学的目标,也就是教学计划和教学大纲规定的目标,是培养运用汉语进行交际的能力。这一最高目标是通过每一教学环节的具体目标来实现的。

2. 课堂教学的特点

一般课堂教学要完成传授知识和培养能力两项任务。以培养语言交际能力为目的的第二语言教学,其课堂教学除了体现一般课堂教学规律外,还有很多特点:

(1) 课堂教学原则。第二语言教学虽然也教授语言知识,但与一般以理论知识传授为主的教学不同,更强调把知识转化为技能,以培养技能和能力为最终目的。而技能和能力更需要靠学习者的大量练习和实践才能获得。因而第二语言课堂教学自然也就

更多地要求以学生为主体,充分发挥学生的主动性、积极性和创造性。

(2) 课堂教学方式。与以教师讲授为主的一般教学不同,第二语言课堂教学要以学习者的活动为主,主要不是靠逻辑推理、论证和分析,而是要进行高密度、快节奏、多形式的语言操练活动和交际活动。特别提倡教师与学生以及学生之间的交往活动,提倡更多地运用直观教具和现代化教学手段。

(3) 课堂教学气氛。技能训练的难度和技能训练过程的长期性、反复性,要求汉语作为第二语言教学课堂要营造一种轻松愉快的气氛,以激发学生的学习兴趣,减少畏难情绪,收到课堂教学的良好效果。

(4) 课堂教学环节。一般课堂教学环节是以一课书为单位或是以一节课为单位划分,环节非常清楚,前一步完成再进行下一步。而第二语言课堂教学环节是以每节课内的教学内容来划分的,每一种语言要素的讲解或言语技能的训练都要体现完整的环节。而每节课之间、每课书之间又要有循环往复的复习巩固。因此教学环节常有交叉,呈多层次性,需要教师灵活掌握。

(5) 课堂教学语言。一般课堂教学,师生所使用的教学语言是其母语,或者是双方都已掌握的某种媒介语,因而不存在语言的限制。第二语言教学要求课堂使用的教学语言是正在学习的目的语,要求通过运用目的语学习目的语。这就使教师的教学语言受到学生对目的语理解和表达能力的限制。因此,汉语作为第二语言教学的教学语言也就成了需要特别研究的问题。

上述特点,使第二语言课堂教学的环节、方法和技巧的研究显得非常必要。

3. 课堂教学的主要环节

课堂教学的主要环节,以教学过程的感知、理解、巩固、运用四个阶段为基础。汉语作为第二语言教学的不同课型,其教学环节的安排也不完全相同。这里仅就一般语言课的教学提出五个主要环节，即组织教学、复习检查、讲练新内容，巩固新内容和布置课外作业。

（1）组织教学。组织教学的目的是稳定学生的情绪，集中学生的注意力，创造有利于学习的和谐气氛。这一环节体现了教学中的情感因素。具体做法是，开始上课，师生互致问候，或稍稍谈论一点师生共同感兴趣的话题以活跃气氛。然后由教师检查学生出席情况，对缺席学生表示关心。有时为了增加练口语的机会，每天请一名学生做一两分钟的口头报告。本环节的最后由教师宣布本节课的教学目的和教学内容，使学生有一个清楚的了解。这一环节所用的时间比较短，在100分钟的课时中只占3～5分钟。

（2）复习检查。复习检查的目的是了解学生对已学内容的掌握情况，获得反馈，发现并弥补教学中的缺陷，为下一个教学环节打好基础。具体做法是，由教师检查学生是否按要求完成上一堂课布置的作业，有时对作业进行集体订正，用口头或笔头形式复习前一课已学的内容。如侧重检查，一般采用复述、转述、演讲或两人会话等。如侧重复习，则抓住重点，并注意与新课的联系，以收到温故知新的效果。教师对复习检查中发现的问题进行弥补性教学的同时，更多的是检查新课的预习情况（常做的是听写生词），过渡到讲练新课的环节。按要求，前一堂课知识技能的巩固率应达到80%，才能进入新课的学习。复习检查环节在100分钟的课时中约占10～15分钟。

复习检查也是课堂教学中经常运用的环节。检查随时都可以进行，以及时了解学生的掌握情况，调整教学步骤。复习则针对上一课、上一单元、半学期甚至一学期的知识、技能进行有计划的循环复习。第二语言习得中新旧知识的联系十分紧密，复习旧知识是学习新知识必不可少的基础。复习中要依照遗忘规律注意顺序安排，形式要多样化，既要复习知识更要复习技能。对学生要以鼓励为主，口头上的错误不要苛求，但作业错误不应放松。

（3）讲练新内容。这是课堂教学中的重点环节，是学生接触和初步获得新知识、增强技能的环节,从某种意义上来说,其他环节是为这一环节服务的。这是教师展示和训练新内容的教学步骤,也是学生在教师指导下感知和理解新语言知识并进行初步技能操练的阶段。教学的新内容涉及到生词、语法(特别是句型)和课文等所有部分。这一环节的特点是教师适当的讲解(展示)与学生的练习相结合,讲一部分练一部分。不允许教师长篇大论,而只能精讲。能不讲就不讲,最好以练代讲。当然必要的讲解也不应刻意回避。学生的练在这一环节主要是进行模仿、重复等机械性操练,侧重于掌握语言的结构形式。教师在组织讲练中应注意突出教学内容中的重点和难点,注意以旧带新、由易到难,循序渐进。这一环节应占最多的时间,在100分钟中应占一半或一半以上(50~60分钟)。

(4)巩固新内容。本环节与上一环节是紧密相连的,实际上是一个大的环节。已经初步获得的知识和技能必须及时加以巩固,以形成语言习惯。巩固的方法主要仍是练习,但已由上一环节的机械操练为主转入有意义的练习,并进行初步的运用练习。本环节的运用练习在熟练和灵活方面还不宜要求太高,学生需要经过课后的复习进一步巩固,才能在第二天的复习检查环节中达到高一级的程度。

巩固阶段的另一项要求,是对新教学内容所涉及的语法知识进行归纳总结,这一步非常重要。因为一般情况下对语法知识的处理都采用归纳法,即先进行大量练习而最后进行总结。最后的总结对学生从感性认识上升到理性认识尤为关键。即使采用演绎法,即练习之前就已进行知识讲解,在经过大量练习后也需要再次进行总结,加深对规则的理解,使语言知识更为系统化。总结的方法,可以由教师进行言简意赅、画龙点睛式总结。有经验的教师常常利用黑板上现成的例句归纳成一个结构或公式,并用彩色粉笔突出学生易犯的错误之处,给学生留下深刻的印象。也可以让学生自己进行总结,或者用提问的方式帮助学生总结。在100

分钟的课时中,巩固环节约占 15~20 分钟。在教学内容较多、一次无法完成全部环节时,也可能把巩固环节作为专门的巩固课(旧称复练课),在第二天继续进行,这样学生就有了更多的时间进行巩固与运用的练习。巩固是对刚识记的东西进行保持或再认,复习是为了防止稍远的记忆消失,两者都是为了防止遗忘。因此,巩固环节跟复习一样,也需要在教学环节中不断运用、随时运用,有时与复习并称为复习巩固。

(5)布置课外作业。作为最后一个环节,布置课外作业非常重要。它用以巩固课堂所学内容、督促学生及时复习旧课和预习新课。在下课前应留下五分钟时间,从容完成最后一项任务。要明确作业的要求,如有新的练习形式,应先示范或做必要说明。作业量不宜过重,难度也不宜太大。要突出教学的重点,应包括口头和书面两个方面。作业的内容与要求要与讲练、巩固的内容相配合,也应与第二天检查复习相呼应,使各个环节成为有机的整体。

前边已经说过,第二语言课堂教学环节的灵活性很大,特别要根据教学内容的难易和学生的特点酌情掌握,有重点地安排,不能采取机械刻板的做法。

4. 汉语课外活动

课外活动是实现教育目的的重要教育形式。学校常举办侧重不同教育目的(如德育、智育、体育、美育)的各种课外活动。我们这里所谈的是结合语言教学、有计划有组织的课外汉语实践活动。

(1)汉语课外活动的重要性。以语言实践为目的的课外活动,被看作是语言教学不可缺少的辅助形式,是语言教学过程的有机组成部分。它提供实践机会,帮助学生巩固在课堂上获得的知识和能力。课外活动能收到课堂教学收不到的效果。首先,课外活动常常由学生根据自己的需要组织,根据兴趣自愿参加并由学生自己主持、自己活动。这比课堂教学更能体现以学生为中心、以学生为主体的原则,能充分发挥学习的主动性、积极性。第二,课外活动内容广泛,形式多样,方法灵活,寓教于乐,更能体现趣味性,不受传统教学程式的限制。课外活动比课堂教学更能发挥情感因素作用,排除心理障碍,发展学生的智力和创造力。也有利于照顾学生的个体差异、因材施教,发挥学生的专长。第三,课外活动能提供自然习得机会,接触真实的交际情景,比课堂教学更有利于培养交际能力。第四,课外活动常采用竞赛形式,鼓励学生积极竞争,激发进取心,并能获得成就感和自信。即使失败,也不像课堂考试失利那样产生心理压力。

课外活动是教学计划的组成部分,是课堂教学的延伸,是课堂外的教学,也有人称之为教学的第二课堂。

(2)汉语课外活动的原则和形式。汉语作为第二语言教学的基本教学原则也适用于汉语课外活动。需要强调的是语言实践活动一定要体现运用汉语的原则和因材施教的原则。活动的形式可以多种多样,内容也可以十分广泛,但不能离开汉语教学的目的,在活动中必须提供充分运用汉语的机会。如果与汉语的运用无关,就不能把它列为语言实践活动,而是其他目的的课外活动。为了使课外活动达到辅助语言教学的目的,需要作周密的设计。事前进行一定的语言方面的准备;活动中最好有教师参加,就语言问题给以指导;活动后对语言的运用情况进行总结。因材施教的原则是指课外活动一定要坚持学生自愿参加,并选择自己最感兴趣的项目,充分展现其才能。

汉语课外活动的形式很多。如平时的小组活动有书法小组、话剧小组、朗诵小组、歌咏小组、京剧小组、曲艺小组、写作小组、影评书评小组等。大型集体活动有汉语节目表演、热门话题辩论、短剧汇演、歌咏比赛、演讲比赛、朗诵比赛、故事会、报告会、讲座、新年晚会、春节拜年、书法比赛等。社会实践活动有参观工厂、农村和名胜古迹,访问学者、名人、作家、艺术家。个人活动有与汉族学生结对子练口语等。

四、汉语作为第二语言课堂教学的技巧

要上好一堂课，实现课堂教学的目标，需要教师和学生双方的努力和合作。学生要发挥积极性、主动性，要与教师密切配合；教师则要很好地发挥组织、激励、示范和指导的主导作用，要很好地贯彻教学大纲规定的教学目的和教学原则，还要采用正确的教学方法和教学技巧。这里特别讨论一下教学技巧问题。教学原则和教学方法是通过教学技巧来实现的。教学既是一门科学，也是一门艺术。如果说教学原则和教学方法体现了教学的科学性，教学技巧则体现了教学的艺术性。它反映了教师的素质和才能。同样的教学内容，运用同样的教学原则和教学方法，教学效果可能差别很大。教学技巧对提高课堂教学质量有很大作用。

1. 备课与写教案

高超的教学技巧决不能靠即兴式的临场发挥，而是要靠不断探索、长期积累和充分准备。充分准备要从备课开始。备课是课堂教学的基础。

教师在接受一门课程的教学任务时，首先要钻研教学大纲，明确课程的目的要求；同时要通读教材，了解整个教材的体系特点及所依据的教学原则和教学方法。在此基础上制定学期授课计划，包括阶段（单元）的划分、重点的确定以及学时的分配，然后进行为某一课或某一课时的具体备课并写出教学方案（教案）。具体备课工作有三个方面：

（1）分析教材。教师对教材要分析透，达到熟练掌握的程度。首先要明确本课所要达到的教学目的，要分析这部分内容与前后部分的联系，即已学的知识和以后要学的知识与本课的关系；要研究与本课同时教授的平行教材、平行课本与本教材的关系；更要研究本课教学内容的内部关系。通常通过对比分析和偏误分析初步确定教材的重点、难点，并按难易程度对教材内容进行编排，

体现循序渐进的教学原则，使学生易于接受。分析教材时还应当注意本课内容在全书中的地位和它应当承担的复习巩固已学知识的任务。最后还要注意发现教材中的不足之处，翻阅上一轮教学笔记所总结的问题，以便在教学中改进。

（2）分析教学对象。备课仅仅备教材还不够。体现以学生为中心的原则，必须分析使用这一教材的学生。首先要了解总的情况，即本班学生的现有水平、学习态度、课堂表现和风气、程度的分布（特别是困难生和尖子生的状况）；同时又要尽可能掌握每个学生的姓名及有关背景情况，特别是情感认知方面的个体因素，如动机、态度、性格、学习策略、交际策略、认知方式等。当然，这方面的了解需要一个逐步积累的过程，不可能在一课中完成。每课备课中分析学生的情况时，要特别考虑本班学生在学习本教材时可能遇到的问题，应该让学生参与教师的备课过程。可以采取向学生了解情况征询意见的做法，必要时可以进行问卷调查。只有对学生接受教材的情况做到心中有数，课堂教学的技巧才能得到发挥。

（3）确定教学方法。在掌握了教材与学生情况的基础上，才能选用具体的教学方法。如何展示和讲练，是从课文开始还是从句型开始，是用演绎法还是用归纳法；如何进行练习，是先综合练习还是先分项练习；如何拟定情景进行交际性练习；如何向不同程度的学生提问；如何利用教具或电化设备等等。

上述备课内容应落实到教案中。在对教材、学生和教学方法分析清楚的情况下，教案就可以水到渠成。教案的详略要根据教师的教学经验和每课的特点而定。有的教师倾向于写详细的教案，连不同难度的问题提问哪一名学生都写得清清楚楚，以免临场考虑不同。对新教师来说，教案应尽可能详细。教案的内容一般包括：课题、教学内容、目的要求、教学重点、教学时数、教具准备、教学环节、板书设计和教学后记。其中，教学环节尤其需要认真考虑。各个环节的重点要清楚，环节之间的衔接要自然。教案写好后，在上课前还需要进一步熟悉，最好能成竹在胸。

2. 课堂组织管理

课堂教学成功与否关键在于如何处理好以学生为中心和以教师为主导的辩证关系。我们既反对教师主宰一切、学生被动接受灌输的教学模式，也不主张反其道而行之，由学生决定一切、教师盲目跟随学生的极端做法。只有在教师很好地起到组织管理的主导作用的情况下，才能更有利于发挥学生的主动性和积极性，使课堂既生动活泼又井然有序。

（1）排除心理障碍，创造生动活泼的课堂气氛。语言教学中可能出现的畏难情绪、厌烦情绪或是抑制、焦虑、自信心不足等情感屏障，都是影响学习的心理障碍。要克服消极心理、激发学习者的学习动力，轻松活泼、愉快热烈的课堂气氛是必不可少的。每节课中虽然不应刻意追求，但有几次笑声以活跃课堂气氛还是很必要的。良好的课堂气氛的形成，除了教学内容和步骤的精心安排给学习者以安全感、趣味感和成就感外，教师亲切、热情、幽默风趣的教态，也起很大作用。在强调课堂气氛轻松愉快的同时，教师也应把握好尺度。要愉快但不能嘻嘻哈哈，要轻松但不能松松垮垮。愉快轻松只是手段而非目的。如果一两个小时过得倒是轻松愉快，但并未掌握教学内容，就失去了课堂教学的意义。为了掌握知识和技能，课堂上也需要保持一定的严肃、紧张。轻松与紧张是课堂中要处理好的辩证关系。

（2）集中学生的注意力，自始至终驾驭课堂。在一两节课长达50～100分钟的时间里，如何集中学生的注意力，按教案的设计顺利完成各个环节，这是课堂教学的又一个重要问题。集中学生注意力的实质，是主导课堂教学的教师能自始至终掌握全场，成为学生注意的中心。这并不意味着教师从头至尾站在讲台正中滔滔不绝地讲授，而是指即使在以学生活动为主或几个小组同时展开活动的环节，教师仍应成为全课堂注意的中心。教师可以参加某一个角落的小组活动甚至单独与某个学生练习，但同时要关注并影响到全场各个小组。教师在教室的位置可以而且应该常常变化（自始至终呆在一个地方对距离远的学生是不公平的），但就像话剧演员在舞台上有追光一样，不论在哪个位置他都应成为全场注意的中心。一般新教师难于做到这点，目光离不开课本、教案，或是只面对眼前的一两个学生、一个练习小组，而置整个教室于不顾，这样就会失去对课堂的控制。要集中学生的注意力，除了教学内容实用、生动、有趣、程度适宜外，还要注意教学环节安排的张弛起伏、引人入胜。教师自己要全神贯注而不能漫不经心，为此应离开教案甚至能背诵（不太长的）课文内容，这样就能抛开剧本，进入角色。教师的语言和表情动作要有感染力，与学生交流要普遍而不能表现出好恶，更不能留有"死角"。有的学者提出"表演教学法"，即教师和学生都充当一定的角色，他们之间形成演员与演员的关系。学生不是旁观者而是与教师同排一台戏,学生全身心投入，取得摇滚乐效应。"全身反应法"以及所谓"疯狂英语"教学法都可以给我们一定的启示。这里所强调的教师时时成为学生注意的中心，是指一般课型而言。如果是自由讨论课、语言实践课或其他以学生活动为主的课型或环节，自然应当以活动的学生为注意的中心，教师则退居二线或成为平等的一员参与活动。

（3）稳定课堂秩序。就一般情况而言，课堂上出现学生破坏纪律的现象较少，但交头接耳、思想开小差、做其他事情、学生之间发生争执或者疲倦打瞌睡等现象倒时有发生。在这种情况下，教师应负起稳定课堂秩序的责任，除了比较严重的秩序混乱不得不正面指出外，为了维护课堂的和谐气氛，应更多地采取突然提问的办法。最经常发生又难于解决的问题还是迟到和缺课。这种现象比较普遍，特别是新生更为严重。对这类问题应具体分析，了解真正的原因。很多教师的经验是，用提高课堂教学质量的办法吸引学生，与学生建立融洽和谐的关系是杜绝这类违反纪律现象的最好办法。一般说来，迟到缺席的现象会随着学习的进展而逐步解决；但对个别完全由于主观不努力、教育无效的学生，则应当按学生管理办法严肃处理。

3. 教师的语言

这里的"教师的语言"是一个特定的概念，是指第二语言教师为了达到交际的目的，对该语言的非母语学习者在课堂教学和课外交往中有意识使用的目的语系统的变体。正因为它是教师主要在课堂中使用的语言，因此关系到能否成功地执行教学计划，同时也成为学生（特别是在非目的语环境中学习）所能获得的可理解输入的主要来源，直接影响到他们的目的语习得。对教师语言的研究，也是对学习者语言输入研究和第二语言习得过程研究的重要内容，同时正如对"保姆式语言"、"对外国人讲话的语言"一样，已成为跨文化语言交际的专门研究课题。

通过对"教师的语言"的研究，一般认为作为目的语自然语言的变体，它在语音词汇语法方面都有特点。比如发音较夸张，语速较慢，停顿多且时间长；一般只使用基本词汇和替代词汇，少变化；多用结构完整的单句，较少用复合句或从句，陈述句多于疑问句；话语的重复和解释多，进行语言转换时会夹杂母语或媒介语，同时附带大量手势、动作和表情等。总的说来有三大特点：一是慢，放慢语速，增加停顿；二是简化，使用简单的词汇、句子；三是详细化，输入更多信息包括多余信息，采用重复、释义、迂回的办法，目的是为了便于学习者理解，成为可理解的输入。

对汉语作为第二语言教学的"教师的语言"的研究目前还很少。我们认为，语言是为了交际，教师课堂语言是为了帮助学习者学习目的语。在学习者目的语水平很低的情况下，教师的语言需要适当地通过简化、详细化和放慢语速、降低难度以让学生听懂，否则师生就难以交流。另一方面，教师的语言对学习者有示范和引导作用，推动其中介语向目的语靠拢，因此必须是规范的。还要体现"i+1"可理解输入的原则，不断增加其难度，逐渐达到说母语者之间对话的水平。为此，汉语作为第二语言教师的语言应当注意：

（1）不论语音、词汇、语法或汉字，都应准确、规范，不允许有错误存在（这是教师的语言与学习者的中介语根本不同之处）。

（2）教师的语言有朗读、讲解、对话、指令和提问。教师的语言应简练，避免长篇大论的讲解，增加师生间的对话、问答，以加强交流、互动，把尽可能多的时间留给学习者。有的教师在课堂上为了节省时间、操作方便，常常用一套简明的口语和手势与学生达成默契，代替指令性用语，以加快教学节奏。

（3）除了语音操练或新词语教学以外，无论课堂或课外交际，语速都应正常或接近正常，避免夸张。

（4）选词用句浅显易懂，随着学生程度的提高应逐渐增加语法的难度和词汇的多样化。

（5）课堂中使用的语言要有意识地重现已学过的句型和词汇，以利于学习者的复习巩固。

（6）尽量运用目的语与学习者沟通，避免语言转换或夹杂学生的母语或媒介语。

（7）克服口头禅或过多重复、啰嗦等其他不良语言习惯。

4．教师的提问

课堂上教师要经常提问，问答是语言交际中最常用的会话形式，有利于培养语言交际能力；同时问答方式又是启发式教学的重要手段。教师的提问能启发学生的思考，引导学生积极参与、发挥学习的主动性。问答方式既可以用于新语言材料的展示、新知识的讲解，也可用于言语技能的训练、教学内容的巩固复习和检查，可以贯串教学的全过程。因此如何提问是教师课堂教学技巧的一个重要方面。

（1）提问的类型。根据提问的目的，分为理解新知识的问题、训练技能的问题、灵活运用的问题和检查复习的问题，分别在不同的教学环节中使用。按提问的性质分，有机械重复型的问题

（重复、替换），有已知答案的明知故问型的问题（如教师手举着书问："这是什么？"），有封闭型的问题（只需简单的肯定或否定的答案，或只有唯一答案），还有开放型的问题（要求提供未知的新信息，表达真实的想法甚至引起争论）。前三种是初接触新语言材料时，特别是进行语言结构形式的操练时常用的，但只进行这类问答会束缚学生的思想，不利于语言的运用。最后一类问题有利于培养语言交际能力，特别是成段表达能力。为了培养学习者提问的能力，有的教师采用先给出答案，然后让学生根据答案提问题的方法。这是教师的一种特殊的提问。

（2）提问的方式。教师应面向全班提问题，所有学生都有回答的机会，而不是集中于几个成绩好的、教师喜爱的，或是与教师积极配合、总是表现得愿意回答的外向型学生。那些不愿举手的学生实际上也在积极思考，他们也许是更需要得到说话机会的学生。统计表明，大部分教师课堂上提问未能做到学生回答的机会均等。此外，先提问题，后指定答问的学生，能集中全班的注意力，促进大家思考。等待学生回答的时间也是值得注意的问题，有的教师提出问题后马上让学生回答，学生不能立即答出就换人，再答不出就自己把答案说出来，这样不能发挥提问的作用。应当适当增加等待回答的时间，给学生以思考的余地。实验表明，如果等待的时间从一秒增加到三秒或五秒，就会有更多的学生参与回答，答案的长度也大大增加（一些快速反应的练习不在此列）。

（3）提问的难度。对不同程度的学生要提不同难度的问题。思考性的、成段表达的问题，可让程度高的学生回答，体现因材施教，让他们有发挥长处的机会。属于基本知识的问题，可以多鼓励差生回答，使其获得成就感，增强自信心。

（4）对答案的反馈。这是发挥教师指导作用的一个重要方面。研究表明，肯定的反馈比否定的反馈对改变学生的习惯更有作用。肯定的反馈不应只是"好"、"对"等简单的肯定，应有较为具体的评论，以增强其学习的积极性；否定的反馈不宜重复学生的错误，而应说出正确的答案，更好的办法是让学生自己评改。教师的提问、学生的回答和教师的反馈，就构成了典型的师生会话"三话步"（three move）回合的结构。

与教师提问相关的是，教师在课堂上应给学生留有提问并进行答疑的时间。教师应恰到好处地处理学生的提问，能解答的问题，尽量当场解答；复杂的问题、自己一时难以回答的或预计以后要专门学到的问题，可课后处理。

5. 板书

板书是课堂教学的重要教学手段。除了帮助学生理解并记笔记外，还可以使课堂教学纲目清楚，更具条理性，也可以突出重点引起学生的注意。汉语作为第二语言教学的板书，还有将听说技能训练与读写技能训练相联系、给学生提供更多的认读汉字和学习汉字机会的作用。如果一节课教师难得在黑板上写几个字，放弃了这一教学手段，对学生的学习不利。工整、清楚、经过精心设计的板书能反映教师认真的教学态度和严谨的作风。反之，字迹潦草、随想随写、杂乱无章甚至出现错别字，则反映教师缺乏认真的教学态度。板书的好坏不仅影响到这一节课的教学，也会给学生以长期的、无形的影响。所以板书应当注意：

（1）汉字一定要正确、规范。笔顺应与教材一致，字形要美观，至少要端正，给学生以示范的作用。

（2）板书要很好地设计。黑板当中五分之三用于书写新课内容。两边的各五分之一，一边用于教学中临时性的板书，另一边专门用于记录学生的病错句（地方固定，不致产生误导）。当中部分在备课时应精心设计，要考虑前后环节的联系，一次板书多次使用，免得写写擦擦浪费时间。好的板书设计，用照相机拍摄下来就是很清楚的课堂笔记。

（3）板书要鲜明、醒目，适当运用彩色粉笔突出重点。

课堂教学技巧，除了上述几个方面外，还有如教师的着装应整洁大方、适度美观；浓妆艳服或衣衫不整都会分散学生的注意力，不宜提倡。教师的仪态应亲切和蔼但不要太随便，应幽默风趣而不庸俗，面带微笑、运用一定的表情体势但不要流于表演作秀。教师在任何情况下都应精神饱满、胸有成竹，表现出极大的耐心，善于因势利导处理偶发事件。这些方面都会对课堂教学产生影响。

20世纪60年代，西方国家首先是美国开始了"微格教学"（Microteaching）的研究。这是把复杂的教学活动分解为各种可操作、可控制的教学技能，并对接受培训的教师进行这些技能（如讲解、演示、提问、导入、结束、强化、变化、板书等方面）的训练。第二语言教师培训需要很好地吸取国外有关微格教学的理论，加强这方面的研究。

五、课堂教学的评估

课堂教学的评估，对教师和学生、对同行和教学管理者都十分重要。教师通过教学评估总结经验教训，特别是获得学生的反馈改进教学。学生通过评估反映自己的意见和要求，与教师进一步沟通。同行和教学管理者通过教学观摩，对课堂教学展开研讨，实现教学最优化。

课堂教学评估应当从学生的实际情况出发，按教学大纲所规定的目的任务，以基本教学原则为依据，分析教师和学生在课堂教学过程中的全部活动，特别是教师所使用的教学方法和技巧，并结合学生的习得效果作出全面的评价。其中应着重评估以下几个方面：

（1）课堂教学的目的要求是否明确具体，是否适合学生的水平。

（2）教学内容是否做到重点突出、难点分散。

（3）教学环节是否安排得合理、清晰、紧凑、自然，能否处理好新课知识的感知、理解、巩固、运用和旧课知识的重现、复习之间的关系。

（4）教学时间的安排是否得当，是否体现了精讲多练的原则。

（5）是否体现了启发式教学的原则，教学方法是否灵活多样而且有效。

（6）是否体现了成熟的教学技巧，包括教师驾驭课堂的能力、教师的提问和语言、板书技巧、教学辅助手段的利用、教师的教态和课堂气氛等。

（7）教学任务是否完成，教学效果如何——学生在语言交际能力方面是否有所提高。

思 考 题

1. 课堂教学中如何进行启发式教学，以发挥学习者的主动性、创造性？
2. 试写出一课教案，并在小组中进行讨论。
3. 进行一次小组集体听课，并就该课情况进行分析评估。

第九章 汉语作为第二语言的语言要素教学

　　汉语语音、词汇、语法、汉字的教学即语言要素教学，是教授汉语的基础知识。语言知识是语言交际能力的重要组成部分，也是汉语作为第二语言教学的主要内容。必须对汉语的语音、词汇、语法和汉字的规律进行总结，并用来指导技能训练。语言知识的教学要紧密结合言语技能和言语交际技能的训练，并在训练中将知识转化为技能，这是语音、词汇、语法、汉字教学的总原则。上一章所介绍的对外汉语教学的基本原则对语言要素教学也是适用的，是指导性原则。根据各语言要素教学的不同特点，本章将分别提出一些具体的原则和方法。

一、语音教学

1. 语音教学的任务和意义

　　汉语作为第二语言的语音教学的任务是让学习者掌握汉语语音的基本知识和汉语普通话正确、流利的发音，为用口语进行交际打下基础。语音是语言的物质外壳，语音的重要性决定了语音教学是第二语言教学的基础，是掌握听说读写技能和交际能力的前提。不学好语音，会影响口语的表达，也影响到听力；反之，如果语音很标准，往往一开口就能给交际对方以好感，形成融洽的交际气氛。这一点是每个学习第二语言的人都深有体会的。作为第二语言的汉语语音教学要不要严格要求的问题上，还存在不同的看法。有人认为，既然大多数中国人讲的都还不能算是标准的普通话，对第二语言学习者又何必苛求呢？其实不然，有些中国人所讲的所谓"地方普通话"，在语音或声调方面与普通话有对应关系，有规律可寻，一般不会太影响到交际。第二语言学习者说汉语时的语音偏误虽然也是有规律的，但这种中介语的语音规律，除了教师以外一般人并不熟悉，也就较难听懂。如果语法有点错，或词用得不当，都还可以猜猜，唯独语音听不懂则无法交际。也有人认为只要不是培养口语翻译或汉语教师，语音要求降低一些也无大妨碍。这种看法也是不全面的。汉语的声调和某些音素本来就不易掌握，取法乎上仅得乎中，如果一开始对语音的要求就低，其结果可想而知。语音基础没有打好，一旦形成了习惯，错误的语音最容易"化石化"，以后就很难纠正。所以第二语言教学，不论学习者带有何种学习目的，都应严格要求学好语音。

2. 语音教学原则

（1）短期集中教学与长期严格要求相结合。历来汉语语音教学特别是长期班都有一个相对集中的阶段，往往在汉语教学刚开始时，称"语音阶段"。这一阶段大约10天到两周，一般按照语音系统并根据语音、声调的难易，循序渐进安排教学，使学习者有一段专门训练语音的时期，以便基本掌握汉语的语音、声调，并熟悉拼音方案。这样做的好处是能较系统地学习语音，集中力量打好语音基础。缺点是在一段时间里让学习者反复、单调地进行语音操练，容易产生厌烦情绪，也会产生"语音阶段能解决全部语音问题"的错觉，认为以后无需再抓，结果语音还会"回生"。另一种方法是不设相对集中的语音阶段，而只在开始用很短的时间（两三天）快速介绍拼音方案，将所有声母、韵母和声调先过一遍，然后把语音教学与词汇、语法和课文教学结合起来，"细水长流"进行教学。这种做法是基于这样一种观点：语音不可能在短短的一个阶段学会，只能先让学习者有一个初步的全面了解。由于拼音采用拉丁字母，对大部分学习者来说并不陌生，初步弄清拼音方案不难，而要真正掌握汉语的声韵调则需要长期的练习。语音教学应贯串教学的始终。

两种方法各有优缺点。比较理想的做法是短期集中教学与长期严格要求相结合。短期集中训练是非常必要的,可以防止语音一开始就似是而非。更重要的是对语音的要求要贯串教学的始终,到高年级也不能放松。这一原则也可用于对个别学生一时发不准的难音处理上。如经过多次操练仍不得要领,不宜抓住不放。可以适可而止,肯定其有所进步并指出其不足,容他慢慢练习体会。

(2) 音素教学与语流教学相结合。在语音阶段有两种教学方法:一种是音素教学,强调打好语音基本功。即从音素入手,教好一个个音素的发音后再教词、句子;一种是语流教学,强调从会话入手,一开始就教句子,音素在会话中得到纠正。音素的单独发音和在语流中的发音有很大不同,单独发音准确不一定在语流中也能正确发音,但发音准确的句子又是以音素的正确发音为基础的,因此只强调单音素教学或只强调语流教学都各有利弊。现在人们主张把两种做法结合起来,既要采用分析型的单音素教学,特别是难音难调的训练,狠抓基本功;同时又要采用综合性的语流教学,考虑到语音在语流中的使用规律,把语音教学与会话结合起来。具体做法是:语流——单音素——语流。即以交际为出发点,在有意义的交际语流中教语音和声调,让学习者体会到语音和声调在语流中的变化,注意重音、停顿、节奏和语调;同时又通过分解练习抽出句子、词中的音素进行操练,做到每个音素、声调都掌握准确。音素训练要尽可能照顾到语音本身的系统性(如难音成组出、声调的连读等),经过音素训练后再回到词、句子和语流中进行练习,使语流更自然、流利,音素也能得到巩固。

(3) 通过语音对比突出重点和难点。通过汉语与学习者的母语或媒介语语音的对比分析,可以确定语音教学的重点和难点。母语中没有的,或是虽有但又与目的语有差异的语音,常常都是难点。比如对英语为母语的学习者,汉语声母较难;而对阿拉伯语为母语的学习者,则汉语韵母较难;对我国维吾尔、哈萨克族的学习者来说，汉语的复韵母是难点。一般说来，汉语语音的难点集中于汉语的声调和变调、送气音和不送气音、清浊辅音以及几组难音，对大多数学习者都是教学的重点。此外不同母语背景的学习者还有一些特殊的难点。语音教学不宜平均使用力气，要突出这些难点和重点。

（4）声韵调结合教学，循序渐进。声、韵、调是构成汉语音节的三要素，也是语音教学的基础。一般从语流教学出发，按交际功能的需要选择句子、词语，从而确定音素，声韵调结合教学。在考虑交际功能时，要兼顾音素由易到难，避免从最难的音素开始。比如在教"问候"这一功能时，问候语"你好"是交际中最常用的，相对说来 n、i、h、ao 等音素也比较容易。声韵调结合教学要注意分散难点，新学的声母难，与之拼读的韵母就应避开难点；在练习难调时，音素就适当容易些。另一方面，根据发音规律成组的音素，又应尽可能同时出，特别是几组难音不宜分开，表面上看似难点集中，实际中更易于掌握。同为难音，先出后出也有规律可寻，如 j、q、x 一组音必须在 ü 组的韵母之后出。

（5）听说结合，先听后说。语音听觉的训练即对语音特征的感知，是辨别词义、语义的前提，也是学习发音的前提。在教学习者发出某个音素或声调以前，首先要听清楚这个音或声调，要熟悉它，然后才能发准。人们学习唱歌也有这样的体验：一首歌听多了，听熟了，即使不专门去学也能哼出来。克拉申强调听力理解是正确的，在语音阶段不要急于让学生模仿发音，而是要先训练听力，在整个语音教学过程中都要强调听力练习。但发音技能也还是要经过反复练习的，所以我们主张先听后说，听、说训练相结合。

（6）以模仿和练习为主，语音知识讲解为辅。语音是靠练学会的，要反复模仿、反复练习。教师本身要掌握标准的普通话语音，作出示范供学生模仿。但只靠盲目的模仿、练习也不行。方法不对，不得要领，可能愈练愈把错误的习惯巩固下来。这就要求教师能针对学生错误的原因,从发音部位、发音方法方面给予一定的理论指导。比方维吾尔族、哈萨克族学生常把汉语的清辅音发成浊辅音,只要说明一下汉语只有四个浊辅音,学生就会注意这个问题,可以帮助他们克服这个毛病。

(7) 机械性练习与有意义的练习相结合。要掌握汉语的声调和难音,只有反复地、刻苦地练习,别无它法。正如要掌握一种声乐技巧必须勤学苦练一样,要让学习者懂得技能训练中耐心、恒心的重要性。语音训练中机械练习也是不可缺少的,甚至是大量的。以语音阶段的"巴、拔、把、爸"四声练习为例,犹如练声乐的"多、来、米、发"一样,应成为每天操练的常规。实践证明,一些机械的方法如声调组合练习——一声加一声、一声加二声、一声加三声……等,对练习双音节词的声调还是很有效果的。当然,机械练习应注意与有意义的练习相结合,以引起学习者的兴趣,减少枯燥疲劳的感觉。

3. 语音教学的方法

长期以来,汉语作为第二语言教师在教学实践中积累了很多行之有效的语音教学的具体方法,如:

(1) 教具演示。如运用发音部位图、以吹动纸片来演示送气音等。

(2) 夸张发音。有时为了突破难点,适当加以夸张。如轻声前的音节故意拖长、加重,然后发出低而短促的后一个轻声音节。为了让学习者注意发音部位,有时唇形、口形也可适当夸张。

(3) 手势模拟。用手势模拟舌位的变化:手心向上、四指并拢翘起表示翘舌;手心向下、手背隆起表示舌根隆起。四个声调可用手指在空中画调号等。

(4) 对比听辨。学生母语的发音与汉语的发音对比,汉语本身如送气音与不送气音的对比,学生的错误发音与教师的正确发音对比(一般情况下不宜重复学生的错误发音,只有在进行对比时才允许这样做)。

（5）以旧带新。用已掌握的知识引导出新的知识。如 ü 的发音可由 i 引出，从 z、c、s 可以带出 zh、ch、sh。

（6）声调组合。用一定的有意义的词语练习声调的组合。如练习四声加二声可用"复习"、"日元"、"姓名"、"去年"等常用词；练习二声加二声可用"邮局"、"银行"、"食堂"、"学习"等常用词；练习四声可用"非常感谢"、"加强友谊"、"欢迎访问"等。

二、词汇教学

1. 词汇教学的任务和意义

汉语作为第二语言的词汇教学的任务是根据教学大纲的要求，在有关汉语词汇知识的指导下，掌握一定数量的汉语词汇的音、义、形和基本用法，培养在语言交际中对词汇的正确理解和表达能力。词汇是语言的建筑材料，是句子的基本结构单位。没有词汇就无法传递信息，也就无从交际。儿童习得第一语言也是从单词开始母语的词汇学习，并贯串一生；而语音、语法在成年以后的进展则很小。词汇教学在第二语言教学中占有相当重要的地位。我国语言学家张志公先生、胡明扬先生都十分重视并一直强调词汇教学。但由于每个词都有自己的用法，个性大于共性，只能一个一个地掌握，不便于进行系统的教学，因此长期以来，国内外的第二语言教学都是把主要精力放在语言结构上。直到 20 世纪 70 年代展开对功能意念大纲的研究，才把词汇放到较重要的地位。词汇能力的培养决不只是记忆生词的问题，应包括掌握词汇的语义、句法功能和搭配关系，还要掌握词汇的文化内涵和词汇在不同情景和功能中附加色彩的变化从而具有在不同情景和功能中对词汇的限制和选择的能力，区别词汇之间语义差别的能力，猜测新词语词义的能力，掌握词语的聚合、组合规则的能力，特别是在语言交际中理解别人和表达自己的词汇能力。

2. 词汇量的控制和词汇的选择

一种语言的词汇数量是很大的。现代英语有 60 万个单词（也有说 100 万的），汉语词汇根据某些词典所收的条目来看至少也有四五十万。这样大的词汇量，即使是说母语者也不可能而且不需要全部掌握。按印欧语系语言的要求，第二语言学习者对目的语的语音掌握应接近 100%，语法则要求掌握 80%~90%（即掌握基本语法规则），而词汇只要求掌握 5%。这说明第二语言要求学习的词汇量只占该语言词汇的极小部分。那么具体的词汇量如何确定，应学的词汇如何选择，就成了词汇教学首先要解决的问题。

在汉语常用词的统计方面，我国已有了不少研究成果。北京语言学院语言教学研究所 20 世纪 80 年代初进行的现代汉语频率统计与分析，对政论、科普、生活口语及文艺作品等类的 180 万字语料进行了统计，得出词汇 31159 个。其中 8000 词的累计出现频率占全部语料的 95% 强，其余 23159 个词的出现频率仅为 5%。可见在日常交际范围内需要掌握的汉语词汇数量还是有一定限度的。北京语言学院根据长期的教学经验，认为要达到基本生活会话的初等水平大约需 2500 词。这是一学年约 800 多学时能掌握的词汇量；要达到看懂报刊一般新闻和听懂一般性电台广播的中等水平，约需要掌握 5000 词；达到能看懂报刊上非专业性文章和听懂非专业性广播的高级水平，约需掌握 8000 词。1988 年出版的、由中国对外汉语教学学会汉语水平等级标准研究小组研制的《汉语水平等级标准和等级大纲》（试行），规定了甲乙丙丁四级词汇量。其中甲级词 1011 个，乙级词 2017 个，丙级词 2140 个，三级共 5168 个词。1992 年出版的由国家汉办汉语水平考试部研制的《汉语水平词汇与汉字等级大纲》中规定了甲级词 1033 个，乙级词 2018 个，丙级词 2202 个，丁级词 3569 个，四级共收词 8822 个。2002 年出版的由教育部民族教育司中国少数民族汉语水平等级考试课题组研制的《中国少数民族汉语水平等级考试大纲》（三级）中规定了甲级词 1022 个，乙级词 2051 个，丙级词 2285 个，部分丁级词 843 个。以上是就达到一定的等级水平所需要掌握的词汇量所做的规定,至于具体的课程或教学班应掌握多少词汇量,要考虑学习者的学习目的和学习时间。如初级阶段汉语课每课的生词量,从三五个词开始逐步增加,一般不宜超过 30 个。

确定词汇量以后还有词汇的选择问题,也就是词的范围。现有的词汇大纲可以作为主要参考。这些大纲中的词汇是在一定的范围、语体和情景中,以使用频率为标准筛选出来的,又经过专家从汉语教学的特点出发进行了必要的干预(取舍与增补)而最后确定的,体现了一定的科学性。具体教材或教学中词汇的选择,应从词汇的实用性、常用性和学生的需要出发,从生活词汇开始逐步扩大到社会、经济、政治、专业词汇领域;尽可能照顾到具体词先于抽象词、实词先于虚词(必要的虚词要及时出);开始出口语和书面语兼用的中性语体的词,再扩大到不同语体的词;适当出一些熟语。

3. 词汇教学原则

(1) 要认真掌握每一个词语的具体意义和用法。胡明扬先生一再指出词汇教学中长期存在一种有害观点:把目的语和母语词汇之间的关系看成是简单的对译关系,认为只要记住生词表就可以解决词汇问题。事实上不同语言之间除了专有名词和单义的术语之外基本上不存在简单的对应关系,即使在可以对译的情况下,也可能在附加色彩的文化内涵上有不同程度的差异。因此,词汇教学应把重点放在掌握每一个词语的具体意义和用法上。

(2) 词的教学应与句子教学相结合,在一定的语境中掌握词汇。单词只有在句子中才能明确其含义,了解其用法。要提倡"词不离句",避免孤立地死记硬背单词,要在一定的语境中通过运用掌握词语。如动词"打"有十多种用法,只有在句中才能理解和掌握"打人"、"打球"、"打电话"、"打酒"中的"打"的不同意义和用法。对词义和词的使用特点的讲解和操练要充分考虑到语言的交际功能,培养学习者利用上下文猜测词义的能力。

(3) 利用词的聚合和组合关系在系统中学习词。词汇系统是语言的子系统，词与词之间有密切的关系。在聚合关系方面可利用词的同义关系、反义关系、上下关系、同音关系等帮助掌握词的意义关系；在组合关系中可通过词义搭配和句法搭配来掌握词义的组合规律，收到事半功倍的效果。

(4) 掌握汉语构词法，重视语素教学，词与字（语素）教学相结合。汉语词汇以复合词为主，合成法是汉语最基本、最发达的构词法。合成词的意义与构词的几个语素义有紧密的联系。充分利用汉语构词法知识，把构词规律（如偏正、并列、述宾、述补、主谓等）教给学习者，并通过语素义解释词义。这样能举一反三、触类旁通、扩大词汇，也有利于区分词义、订正错误。如"运动员"、"教员"、"售票员"、"售货员"、"服务员"等都是偏正式，其中"员"都表示"人"的意思，前边不同的修饰语表示不同类型（职业）的人。

(5) 不同的言语技能对词的掌握有不同的要求。词汇可分为积极掌握词汇和消极掌握词汇。这种区分是就一定学习阶段对学习者掌握词汇的要求而言，并非词汇本身有积极、消极之分。积极掌握词汇是指要让学习者既能理解又能运用的词，也称表达性词汇；消极掌握词汇是指能识别、理解的词汇，要求学习者能听懂、读懂就行，也称接受性词汇。不同言语技能所要求的词汇量也不相同。"说"要求的词汇量最小，头 1000 词是口语词汇的核心，是要求四会熟练掌握的表达性词汇；阅读词汇量最大，一般在 7000 以上。这是接受性词汇，只要求认读，虽大部分平时不能脱口而出，但在阅读时要能记起；听力理解的词汇也是接受性的，范围比阅读理解要小，一般在 4500 左右；写作要求的是表达性词汇，数量较小，而且因人而异。对掌握母语词汇的要求也是如此。第二语言学习当然也不可能要求每个词都能四会。前边已经说过，在一定学习阶段要求学习者掌握的词汇量有一定限制，这一限制常常与学习者迫切的交际需要产生矛盾。如果所有的生词都要求四会,并由此而严格限定词汇量,必然会影响到交际;只考虑交际需要而无限制地增加词汇量,又会使学习者的负担过重。区分四会要求的表达性词汇与两会要求的接受性词汇,正是为了在保证掌握基本词汇的同时,适当扩大词汇量,让一部分学习者在力所能及的情况下多掌握一些词汇。要求积极掌握的词汇常常是最基本的词汇,数量较大。消极掌握的词汇在一定阶段会转为积极掌握的词汇。

(6)加强词汇的重现与复习,减少遗忘。语音、语法都需要重现才能不断巩固。词汇由于数量太大,更需要加强重视。一般说来,新词至少需要6~8次重现,才能初步掌握。结构主义教材和读物,新词要平均出现30~40次。根据心理学对遗忘的研究,在词汇教学中应注意每个生词的首次感知。从展示单词开始就用直观、形象的教学方法集中学习者的注意力,给学生留下深刻的印象。考虑到遗忘先快后慢的规律,应及时复习并有计划、有目的地定期复习。无论是学习或复习都同时运用口、耳、眼、手多种感官加强记忆,讲授新词时还应注意以旧带新,尽可能采用多种多样的复习方式。

4. 词汇教学的方法

(1)直接法。表示具体意义的词语(指事物或动作),常用直接法,便于声音与概念直接联系。无法直接用实物展示的,也应尽量用目的语直接进行描述或解释。如用已学过的"互相"、"帮助"来解释"互助"。

(2)翻译法。在用目的语难以解释的情况下,若母语与目的语的词对应明显,可以通过母语翻译,一点就通,免得绕圈子。但要注意两种语言词汇的义项很少是一对一的,完全的"等价词"是不多的,词义范围大小常常不同,最好的翻译也只是近似的。要避免误导还需要联系大量的例句。

(3)情景法。把新词放在语境中,也就是联系句子、话语和一定的社会文化背景来理解。如要区别"家"的两个含义,可以用问答来解释清楚:"你家有几口人?"(指家庭),"你今天回家吗?"(指家庭住处)。

(4)语素义法。前边已经提到,利用汉语构词法的特点,用语素义解释词义,把学习者的注意力从词引到语素上来。

(5)搭配法。通过词与词的搭配来理解词义并学会正确使用。有的词用法很难记,也说不出太多的道理,如量词与名词的关系、某些动词与宾语的关系,直接采用名量搭配、动宾搭配较易于掌握。

(6)话语联结法。指在话语中学习词汇,特别是关联词语的用法,宜于在话语中掌握。

(7)比较法。对近义词、反义词进行比较,在比较中发现不同点。中高级阶段需特别注意近义词的问题。

(8)类聚法。利用词语之间的聚合关系,依据一个固定的语义群或话题,将相关的词语同时讲解或复习,使新旧词语互相对照。可以是同义词群、反义词群或类属词群(如称谓、器官、食品等)。

(9)联想法。人脑平时储存多种语言信息,在一定的新信息的刺激下,人脑机制就会调动起与这一信息相关的储存信息。这是一种联想反应,如学习"下雨"一词,让学生的联想可辐射到与之有关的"刮风"、"水灾"、"干旱"、"担心"、"春游"、"凉快"等多方面的词语。

三、语法教学

1. 语法教学的任务和意义

语法教学是对目的语的词组、句子以及话语的组织规律的教学,用以指导言语技能训练并培养正确运用目的语进行交际的能力。不掌握目的语遣词造句的规则,就难以正确理解和表达。语法教学一直处于第二语言教学的中心地位,从最早的语法翻译法到听说法、认知法，都十分重视语法规则的教学，但具体做法不同。语法翻译法以语法教学为中心，语法是语言教学的主要内容，强调记忆语法规则；听说法用句型操练代替语法教学，强调用机械的刺激—反应—强化养成习惯；认知法则重视对语法规则的理解和运用。其共同的缺点是过多地依赖语言的结构形式，脱离了所表达的社会文化内容（语义）和社会交际原则（语用），局限于句本位而忽视了话语的教学。其结果不仅不利于对语言的运用，而且对语法规则的描述也是不完整的。另一方面，随着功能意念研究的开展、交际教学法的兴起，在强调应用的同时又放松了对语言结构准确性的要求，一度忽视了语法规则，把语法教学和交际应用对立起来。经过多年反复探索与争论，目前大多数教师和学者还是认为语法能力是语言交际能力的重要组成部分。不论语法教学在教材中是明线或是暗线处理，掌握语法规则仍是第二语言教学的基础。掌握语法规则有利于对语言的理解和运用。现在，交际法的创始者也认为不学习语法不可能真正学会一种语言。当然，在如何教语法、语法在语言教学中占多大比重等问题上，仍有不同看法。

2. 建立汉语作为第二语言教学语法体系

教学语法不同于专家语法，要体现一定的规范性（规定哪种说法是对的，哪种是错的）、稳定性（为多数人所接受而不是一家之言）、实践性（要能指导语言的实际运用）。汉语作为第二语言教学语法，又有别于汉语作为母语的教学语法。母语教学语法是对已掌握该语言的人进行从言语到语言的规律概括，在进一步提高其言语技能的同时，更重要的是进行理论知识的传授，重在句子分析能力的培养，解决"知其所以然"的问题。所以母语教学语法的体系是按词类、句法结构、句子分类、句子成分、单句、复句的体例给学习者以系统的语法知识。汉语作为第二语言语法教学则是以汉语学习者为对象，进行从语言到言语的教学与训练，通过讲授用词造句的规则和大量言语技能的操练，使汉语学习者能够听说读写汉语，首先要解决"知其然"的问题。所以汉语作为第二语言教学语法要按照学习者的语言习得规律提供一套汉语词组、句子和话语的组装规则系统。50年来我们已初步形成了一套汉语作为第二语言教学语法体系，这套体系还需要随着对汉语作为第二语言的教学规律和习得规律的深入研究，进一步加以完善。

3. 语法教学的原则

（1）通过语言对比突出语法的重点和难点。汉语作为第二语言语法教学的一大特点是学习者会受到其第一语言迁移作用的影响。作为第二语言的汉语对所有学习者都有共同的难点，对不同母语背景的学习者又有特殊的难点。因此语法教学要有针对性。如以英语为母语的学习者的语法难点有：形容词谓语句、无标记被动句、带各种补语的句子、"把"字句、"是……的"句、比较句以及"了、着、过"的用法、量词用法、方位词用法、长定语、大数目称数法以及话语连接等。其中的大部分，对任何母语背景的学习者来说也都是难点。另一方面，对于虽非难点但却是汉语最常用的基本句式，也应进行一定的练习，不能完全忽略。

（2）从句型入手，句型操练与语法知识的归纳相结合。句型是从大量句子中总结出来的典型句式。句型教学是用操练句子结构模式的办法来使学生学会造句的方法。这是"结构主义——行为主义"的教学方法。多年的教学实践证明，这是掌握第二语言句子结构及其用法并养成语言习惯的有效办法。句型教学有利于培养语言交际能力。所以语法教学应从句型入手，以句型操练为重点，适当地进行语法知识的归纳总结。句型教学要注意不但要进行形式的操练，还应当让学习者掌握句型的意思及其功能。句型操练的形式也要多样化，如重复、替换、转换（如肯定句变否定句等）、扩展（逐步增加简单句的句子成分，使之复杂化）、问答甚至翻译。

（3）由句子扩大到话语。句子是基础，集中体现了基本的语法规则。但从交际的目的出发，仅仅掌握句子结构远远不够，还需要进行话语教学，特别是要掌握话语的连贯与衔接。

（4）语法结构的教学与语义、语用和功能的教学相结合。语法教学不能局限于结构形式，要与语义、语用和功能的教学结合起来，这是本书多次强调的原则。如以一定的话题或功能为中心，组织相关的语法点和词汇构成一个单元或系列。这些孤立的、纯结构形式的语法点就可为完成一定的交际任务服务。

（5）精讲多练，以练习为主。语法教学不是要解决能不能懂的问题，而是要解决会不会用的问题。语法规则不是讲会的，而是练会的。对语法知识要进行必要的解释、总结，让学生了解语法规则。但语法知识的讲解要少而精，避免使用大量的名词术语。更重要的是通过练习掌握这些规则。语法课上要体现以练习为主的原则。练习（包括口头和笔头，即听说和读写）应贯串于感知、理解、巩固和运用的全过程，贯串于课堂教学的每个环节。

练习的类型有三种：一是机械性练习。如跟读（模仿）、重复、替换、变换、扩展等。这种机械性的单个句型操练对于熟练掌握语言的结构形式是不可缺少的，特别是在讲练新内容的环节中适当运用机械性练习是十分必要的。二是有意义的练习。如回答问题、完成句子、对课文内容的解释、复述（包括缩简复述、扩展复述、分角色复述）、讨论等。这是在机械性练习掌握语言结构形式的基础上进行的需要对答案进行思考、选择的练习。但练习的内容仍以教材（课文）为基础，答案仍然是有控制的。三是交际性练习。如自由会话、课堂讨论、辩论、演讲、扮演角色、写应用文等。这是真实交际或接近于真实交际的练习。除了到社会上的语言实践外，一般是模拟真实的交际情景进行练习。不仅有听说读写的言语技能训练，还要进行包括语用规则、话语规则和交际策略等言语交际技能的训练，所表达的内容不受控制。

（6）先易后难、循序渐进地安排语法项目。各课语法点的安排要尽量均匀。不要一下子都集中到某几课上，而有的课又几乎没有新语法点。每课新语法点的量要有所控制，要突出重点，避免语法点杂、乱、多。要体现先易后难、逐步加深的原则。有的语法点之间本来就存在先后顺序关系，如必须先学复合趋向补语然后再学可能补语，必须先学各种补语句然后再学"把"字句。应做螺旋式安排，把语法点分成几圈出现，逐圈加深，便于复习巩固。可以采用"打埋伏"的办法，即让某些语法点先在句中出现但不做讲解操练，让学习者先获得感性认识，但"打埋伏"的语法点不能多。将相关的语法点组成单元，以利于综合运用语法规则进行成段表达。已学过的语法点还要有计划地重现。

(7) 重视纠正学习者的语法错误，并把病错句的分析作为课堂教学内容的一个部分。学习者对语法规则的掌握总是在试误过程中实现的。中介语的性质决定了偏误的存在是正常的，充分利用学习者的错误并加以指导，可以从反面加深对语法规则的理解，更好地发挥语法学习过程中的认知作用。不少教师长期开设病错句分析课，受到学习者的欢迎，也取得较好的效果。当然这类课也应体现精讲多练的原则。

4. 语法教学的方法

(1) 归纳法。让学习者先接触具体的语言材料，进行大量的练习，然后在教师的启发下总结出语法规则，再运用这些规则进一步练习。这是一种由具体到抽象、由实践到理论然后再回到实践的方法。这种方法符合人的认识规律，突出了大量的练习实践，调动了学习者的主动性，有利于培养学习者的分析、观察能力。直接法、听说法以及交际法都提倡用归纳法。对不太难的语法点，这种方法有很大优越性，但如运用不当也会浪费时间或出现盲目练习的现象。

(2) 演绎法。先讲清语法规则，使学习者对语法结构有清楚的了解，然后在语法规则的指导下进行练习，通过实践学会运用语法规则，由抽象到具体、由理论到实践。这种方法适合成年人学习第二语言，是认知教学法流派一直提倡的方法，对一些较难语法点的学习效果尤好。缺点是容易流于注入式教学，不利于发挥学习者的积极性。

（3）演绎与归纳相结合。先采用演绎法，简要揭示语法规则，然后通过大量的练习在初步掌握语法规则的情况下，再作进一步的归纳总结，加深对规则的理解。

在语法教学中应当注意充分利用生动形象的直观手段，如实物、图片、动作、表演以及幻灯、录像、电影等创造情景，以利于学习者对语法规则的感知和理解。在介绍新语法规则时，尽量用熟悉的词和短句，生词和长句会增加掌握新语法规则的难度。

四、汉字教学

1. 汉字教学的任务和意义

汉字是用来记录汉语的书写符号系统。这种以表意为主兼表音的意音文字由于完全适应汉语的特点，能跨越历史和方言，具有强大的生命力，使我国数千年的文化得以保留下来。

汉字教学的任务是，以汉字形、音、义的构成特点和规律为教学内容，帮助学习者获得认读和书写汉字的技能。汉字教学是汉语教学的重要组成部分，不掌握汉字就学不好汉语。汉字教学是汉语作为第二语言教学最显著的特点。

汉字又被认为是汉语学习最大的难点。这是由于由笔画组成的方块汉字是记录语素的语素文字，是与世界上大多数民族使用的、以记录音素的字母拼写的拼音文字根本不同的文字系统。汉字具有形体表意的特征，是表意为主的文字；而拼音文字则是直接记音的表音文字。这两种不同性质的文字，在音、形、义的认知方法上也有很大的不同。拼音文字的"形"是用来记音的，因而音、形基本上是合一的，认知拼音文字只要音与义结合就行了；汉字虽然形声字的声旁有一定表音功能，但由于几千年来语音的变化，现在能准确表音的只是一小部分，因而汉字的表音功能较弱。汉字的认知过程包括音与形、形与义以及音与义的结合，比拼音文字的认知过程要复杂得多。就字形而言，尽管汉字有较强的表意功能（形声字能表示一定的意义类别），但由于几千年的形体变化，大都很难直接以象形表意来识记，已经只是一种记号。汉字笔画之间、组成的部件之间的搭配与位置关系的细微差别很难辨认。为了表意和记音，汉字结构比较复杂，笔画也较多，即使对汉语作为母语的学习者来说也是一个很大的负担。习惯于在仅仅数十个字母范围内单一线性排列的拼音文字的使用者，面对组成数以千计、万计庞大字符集的多维结构的方块汉字，必然会感到难认、难记、难写。就字音而言，汉字无法通过拼读直接获得准确读音，也没有专用的记音符号。不同的音符可以记同一音节，因而也就减弱了表音的作用；再加上形声字逐渐失去对现代汉字的表音功能，汉字读音就主要靠记忆。就字义而言，汉字虽有一套约定俗成的意符系统但不严密，有些意符的形义关系今天已模糊，而且一字多义的现象十分普遍。这些都是造成汉字学习困难的因素。应当实事求是地承认，对汉字文化圈以外的汉语学习者来说，汉字确实是学习的重点和难点。汉字教学问题如不能很好地解决，会成为汉语学习的瓶颈，甚至成为整个汉语教学事业发展的瓶颈。

长期以来，本学科对汉字教学重视不够，汉字教学法的研究相对说来也比较薄弱，处于滞后状态，几十年来进展不大。这一方面是由于汉语是我们的母语，我们学习汉字是从自然接触开始，耳濡目染，长期积累，自觉或不自觉地掌握了识记汉字的规律，而对从未接触过汉字、毫无"字感"的汉语学习者学习汉字的心理和学习中的困难缺乏体会。另一方面，20世纪60年代北京语言学院来华部在汉字教学问题上，经过试验，曾两次否定了"先语后文"的办法，而把"语文并进"作为一项教学原则确定下来。所谓"先语后文"是指先进行口语和听说的教学，后进行汉字和书面语读写的教学，把口语和汉字的教学分开。所谓"语文并进"是指口语听说教学与识字读写教学同步。从此，除了少数教师和学者进行过一些改革汉字教学的试验和研究外,"语文一体"、随文识字就成了汉字教学的唯一模式。在这一模式中,没有充分地考虑汉字自身的特点和规律,汉字的出现完全决定于教材内容。汉字教学也只限于每课后边所提供的汉字笔顺表和对已学汉字的有限总结。基本上以词汇教学取代了汉字教学,语音、词汇、语法是教学体系中考虑的中心问题,而汉字只是处于附属的地位。很多学校汉字尚未单独设课,已设课的也处于无序状态。其结果,第二语言学习者为学汉字花了大量的时间,但效率极低,汉字读写能力很差,严重影响了汉语水平的提高。在国外,一些能用汉语口语比较流利地进行交际的学者,在阅读、书写汉字方面困难都很大,特别是在写的方面甚至有的还停留在文盲、半文盲的状态。汉语硕士、博士的学位论文也很少是用中文写的。听说能力和读写能力相差如此之大,在其他第二语言学习中极为少见。西方学者们因为切身感受到汉字学习的困难,一直强调重视汉字教学。很多人主张语、文分开,按汉字自身规律专门设课教学。在这方面,已进行了多年的改革试验并出版了教材。他们也期望我国学者们在汉字的故乡能加强这方面的研究。我国汉语教学界于 1997 年在宜昌召开了第一次"汉字与汉字教学研讨会",1998 年法国巴黎又召开了"国际汉字与汉字教学研讨会"。现在对汉字教学的研究已引起普遍重视,并出现了一批新的研究成果。

2. 高频率常用字的选择

汉字确切的数目现在还很难说。当代最大的字典《汉语大字典》共收字约五万六千个。一般的学习者需要掌握的常用汉字远没有这么多,实际上只要掌握两三千最常用汉字便具备了初步的读写能力。1988 年国家语言文字工作委员会和国家教育委员会联合公布的《现代汉语常用字表》共收常用字 3500 个,在 200 多万字的语料中覆盖率达到 99.48%。其中一级常用字 2500 个,覆盖率达 97.97%;二级常用字 1000 个,覆盖率为 1.51%。同年国家语言文字工作委员会和新闻出版署联合公布的《现代汉语通用字表》收字 7000 个。北京语言学院语言教学研究所编制的《汉字频率表》，按频率高低分，前 2500 字可覆盖（180 万字的）语料的 99.12%，前 4000 字则覆盖 99.96%。可见掌握 2500~4000 高频汉字，就能具有阅读一般书籍的能力。在此基础上，1992 年出版的《汉语水平词汇与汉字等级大纲》规定了甲级字 800 个，乙级字 804 个，丙级字 590 个，丙级字附录（表姓氏和地名）11 个，丁级字 670 个，丁级字附录 30 个，四级共收字 2905 个。这是目前汉语教学中汉字教学的标准。把这一有限的目标告诉学习者，可以克服对汉字学习的畏难情绪，增强学习的信心。

3. 汉字教学的原则

近年来汉语教学界就汉字教学的原则问题展开了热烈的讨论。讨论的焦点集中在三个问题上：是语、文同步还是分开？是词本位还是字本位？坚持以传统的字源学还是允许以所谓"俗文字学"帮助学习者记忆现代汉字？在这些问题上的争论以及各种方案的试验，对进一步探讨汉字教学的规律有很大意义。以下是有可能成为共识的几个问题：

（1）语和文先分后合，初期汉字应按自身规律独立教学。长期以来进行的是语文并进，实际上也就是随文识字的教学。其优点是汉字在一定的语境（课文、句子和词）中学习，有利于掌握汉字的意义和用法；每学一个新字总是形音义紧密结合，避免学习者忽视或记不住汉字。缺点是汉字的出现由课文内容决定，随意性很大，无法按汉字本身规律和由易到难循序渐进的原则进行教学。这对初期的汉字学习尤为不利。不少人主张至少在以学习语音和日常会话为主的初级阶段，设立平行的口语听说课和汉字读写课。听说课采用拼音教学，讲练词汇、语法、课文并进行句型操练。读写课介绍汉字的基本知识并按汉字的特点和形体结构规律进行基本汉字的教学：首先教常用独体字，教笔画、笔顺并注意汉字部件的教学。口语课在前，汉字课在后，两条线分开，语（语音和口语）和文（汉字）都能按自身的系统科学地进行教学，并且在不破坏各自系统的前提下,适当注意互相照顾、互相配合。这样就为以后的学习打下较好的语音和汉字基础。

另一方面也要看到,语和文两条线长期分家实际上也就意味着口语听说课部分的汉字音和形的长期分家。这对汉字学习有不利影响,对整个汉语学习也是不利的。所以在学习者基本掌握汉字结构规律的基础上,还应尽快使语、文同步,即每学一个新词(字)就要同时掌握其音形义。

(2)强化汉字教学,字与词教学相结合。语言学界很多学者都认为,真正体现汉语结构特点的单位是"字",而"词"的概念是从西方语言学中引进的,汉语中本来没有这样一种与之对应的东西。因此,只有把"字"作为汉语词语和语法教学的基本单位,才能体现汉语的特点,找到掌握汉语的关键。对汉字的重要性及其在汉语教学中的作用,应从这一高度来认识。汉语作为第二语言教学中要特别强化作为形音义结合体的"字"的教学,不能把汉字仅仅看作是书写单位,是词语教学的附属品。但另一方面也要看到,汉语在其发展过程中,表达概念和意义的单位,绝大部分已由单音节的字发展为双音节或多音节的词(或称"字组"),很多字已不能独立成词,只是语素(如"民"、"安"等),甚至只是语素中的一个音节(如"葡"、"玛"等)。据估计,在北京话的七万个词中,单个汉字构成的单音词只占6%。因此在交际(造句)中使用的主要单位还是词(或字组),而不是字。很多学者也认为现代汉语的语汇显然不能再以字为单位。字的意义在词中能更好地理解,离开词、句孤立地学习单个汉字不仅不易掌握,也很难激发和保持学习者的兴趣。因此,我们称之为"词"的这一级单位从培养语言交际能力考虑,仍是十分重要的。在强调汉字教学的同时,词汇教学的重要性仍不能动摇(至少在以字为基本结构单位的汉语语法体系完全建立起来以前是如此)。字与词的教学应紧密结合,充分利用汉字极强的组词能力(据研究,《现代汉语常用词表》中3500常用字能组成现代汉语7万个词,每个汉字平均能组合成词 20 个），采取"以字解词"、"由词析字"的办法，培养学习者望字猜义的能力，了解组字成词的规律。有的西方学者认为"口语教学以词为基本语言教学单位，书（面）语以字为基本语言教学单位"①是颇有见地的。我们认为字不但要与词结合，做到字不离词，而且还应当词不离句，句不离文。

（3）把握汉字的构成规律和基本理论，利用汉字的表意和表音功能识记汉字。在汉字教学中，教授汉字知识十分重要。有拼音文字思维定势的学习者，对以表意为主的汉字比较难于理解和接受。初次接触汉字，有的把它看成是一幅幅图画，有的则看成是复杂而又凌乱的线条符号，不知从何下手。教师介绍一定的汉字演变和结构规律知识，帮助学习者先从整体上把握汉字，对他们尽快找到对汉字的感觉，确定认识汉字的逻辑起点，建立新文字观念是不可缺少的。在识记汉字的过程中，不能要求第二语言学习者完全凭死记，要尽可能利用汉字的表意和表音功能，加深对汉字的理解和记忆。汉字以表意为主，分析汉字一定要着重其形；另一方面要利用汉字的表音功能识记汉字，这是以拼音文字为母语的学习者的长处。据统计，在《现代汉语通用字表》7000字中形声结构有 5631 个字。其中音符（声旁）1325 个（字音与音符的读音声韵调完全相同的占 37.51%，声韵同仅调不同的占 18.17%，二者合计达到 55.68%），意符（形旁）246 个（完全表意的占 0.83%，基本表意的占 85.92%）。可见无论是音符或意符在识记汉字方面都有潜力可挖。需要注意的是，除了较少能完全表意、表音的情况外，对接近表音或基本表意的现象需要进行一定的解释说明，以免产生误导。

无论是介绍汉字特点、汉字演变、汉字结构规律，或是对音符、意符进行解释，作为正式教学，都应当以传统的字源学特别是"六书"理论为依据，以保证汉字教学的科学性。但由于几千

---

① 白乐桑（1999）法国第二届国际汉语教学学术研讨会（汉字教学讨论会）开幕词和闭幕词，《汉字与汉字教学研究论文选》，北京大学出版社。

年来汉字字形字音的演变,"六书"理论已不能完全适应现代汉字的分析;要求现代汉字个个溯源不仅难以做到,而且对不了解汉字文化的第二语言学习者来说只会使问题更加复杂化,何况过多地讲解文化内容也不是作为技能课的汉字课的任务。为了帮助学习者识记汉字,可以适当根据现代汉字字形进行"新说"。但这种被称为"俗文字学"的"新说",应仅限于传统字源学理论不好解释的或者过于复杂、学习者难以理解的汉字。"新说"仍应以汉字的基本理论和结构规则为指导,至少不能与之相违背。最好组织专家研究,形成比较规范的解释,避免望文生义、牵强附会甚至每个教师都有自己的版本。当然,教师在课堂教学中为了活跃气氛,偶尔编一些汉字小故事,或用一些字谜、游戏,甚至让学习者发挥想象力来解说汉字,也是允许的。

(4)按笔画、部件、整字三个层次,从笔画、笔顺、部件、间架结构四个方面进行汉字教学。对第二语言学习者看来是杂乱线条符号的汉字,进行分类梳理。首先需要对汉字字形进行解析,将汉字分为笔画、部件、整字三个层次。笔画是现代汉字构形的最小单位,犹如拼音文字的字母。汉字有基本笔画(横、竖、撇、点、捺、提)6种,派生笔画25种。汉语教学应从掌握汉字的这30多个笔画开始。汉字笔画的走向和书写的顺序叫笔顺。汉字有六条基本笔顺规则(先横后竖、先撇后捺、从上到下、从左到右、从外到里、先外后里再封口)。有的第二语言学习者不了解笔顺的重要性。正确的笔顺不仅是书写汉字的基本修养,而且按固定的笔顺书写汉字更有利于记忆汉字。部件(也称字素)是汉字形体中具有组字能力的结构单位。掌握部件是认读和书写汉字的关键,也是汉字教学的重点。据统计,一万多现代汉字中约有六七百个部件。在《汉语水平词汇与汉字等级大纲》规定的2900多个四级汉字中有430多个部件。采用部件为主的识字法,可以减少汉字学习的难度。至于如何建立适合汉语作为第二语言教学的汉字部件系统并为部件拟定名称,还是目前正在探索中的问题。

在学习汉字部件的基础上，还需要进一步掌握部件的组合规律，即汉字的结构方式（独体结构、左右结构、上下结构、包围结构、特殊结构等）。从笔画、笔顺、部件和结构方式四方面进行教学，使汉字教学有规律可循。对掌握笔画、笔顺、部件、结构方式的训练，从一开始就应严格要求，打下牢固的认读和书写的基础。

（5）重视对比，加强复习，通过书写识记汉字。对形近字和同音字需要进行结构和字义的比较。形近字，像"土"与"士"，"没"与"设"，"人"与"八"，"找"与"我"等。有的是多一笔少一笔，有的笔画长一点短一点，或者其中某一部件稍有差别，特别是笔画之间存在相离、相连、相交等不同的位置关系，这些常常为学习者所忽视，写成错字。同音字则需要通过形义的对比，避免写出别字。除了对比以外，汉字的复习巩固非常重要。不经常复习，汉字非常容易遗忘。无论是来自学习者或教师的经验，都说明通过反复书写练习，有利于记忆汉字。书写练习的方法很多，如我国传统的描红、临写以及抄写、听写等。

思 考 题

1. 根据你所教学生的母语语音特点，你认为怎样才能让他们掌握汉语拼音？
2. 怎样才能使语法（句型）教学为培养学生的汉语交际能力服务？
3. 你是怎样帮助你的学生掌握汉语词汇和汉字的？

第十章 语言测试

测试是教育评价的主要手段,也是教学活动的主要环节之一。

现代考试的建立与考试研究还只有100多年的历史,发展最为迅速的是语言测试。上世纪50年代定型,60年代发展,在语言教学、语言学、认知心理学、心理测量学、教育统计学等理论的指导下,逐步走向科学化、标准化,已成为一门新兴的学科。我国的语言测试,也在继承传统测试的优点并汲取国外新的研究成果的基础上,不断取得进展。英语教学界最早于20世纪70年代率先引进了多项选择题型和完形测试题型,于1981年研制了我国第一个标准化语言考试——英语水平考试(EPT)。对外汉语教学界则于1984年开始研制汉语水平考试(HSK),于1985年完成第一套试题。经过十多年的努力,HSK已发展为世界上影响最大的汉语水平考试。

一、语言测试的作用

语言测试与语言教学紧密相关。作为语言教师,都有可能从事试卷(特别是成绩考试和诊断性考试)的设计和命题工作。有关语言测试的基本理论知识,是每一个语言教师都应该掌握的。

1. 什么是语言测试

语言测试是根据一定的评估目的,以抽样方式通过有限试题来诱导出受试者的言语行为,然后借助于定量描述来推断受试者掌握的该语言的知识和能力。

从心理学的角度来看,上述定义表明,测试的任务在于如何通过刺激使受试者作出体现其语言知识和能力的反应,并对这种反应进行量化和说明解释。对人的言语行为所表现出的知识和能力进行测量,是一个非常复杂的问题,它受到很多因素的影响。

语言测试的研制既涉及到许多理论问题,也有实际操作问题,目前还很难做到十分客观、准确、真实地反映被试的语言知识和能力。对语言测试的研究,正是为了从理论和实践上提高测试的设计、命题、施测、评分、分析各个环节的科学化的程度,并通过评析指标的控制尽量减少间接性、片面性、主观性和偶然性,使语言测试发挥客观、有效、可靠的测量作用。近几十年来,语言测试已发展成为一项专门的研究领域,成为一个专门的学科——语言测试学。

2. 语言测试的作用

(1) 评估教学,提供反馈信息。测试是第二语言教学四大环节的重要组成部分。通过测试,学生可以了解自己掌握目的语知识和能力的情况,发现学习中存在的问题;教师可以检查自己的教学效果,发现教学中的薄弱环节及时加以弥补和改进;教学管理者可以把测试结果作为检验教学大纲、教材和教学方法的重要参考。

(2) 评估人才,提供用人的重要依据。语言测试,尤其是水平测试能评定出被试运用语言的能力,可以作为社会或用人单位选拔人才(如公务员)的比较可靠的参考。学校招生考试,也可看做是选拔人才的一个方面。

(3) 是语言教学研究和语言研究的重要手段。进行语言教学或语言方面的实验研究,需要对实验结果特别是被试语言水平及其变化进行测量。语言测试是衡量科学实验结果的重要工具。

(4) 推广母语教学,扩大母语影响。随着国际交往的日益增多,各国(尤其是大国)都不遗余力地在全世界推广自己的语言,促进更多的外国人学习自己的语言。而大规模标准化考试,如美国的"托福"、英国的"剑桥英语水平证书考试"以及我国的"汉语水平考试"等都起到了推动本国语言的教学、扩大本国语言在世界的影响的作用。

二、语言测试的种类

第二语言测试，可以从测试的用途、评分方法、命题方法、成绩反映方法以及测试的制作要求等不同角度进行分类。

1. 按用途分：

（1）学能测试。学能测试又称潜能测试或性向测试。目的在于了解被试学习第二语言的潜在能力和素质。学习语言的潜能包括：语音的听辨、模仿能力，语法的辨认、利用能力，语言的记忆能力，综合归纳能力等。学习主要靠后天的努力，但人与人的天赋是不相同的，有的人特别适合于学习语言，有的人则适合于学习其他学科。在决定学习一种语言之前，了解学习者先天条件和素质，对学习者本人和学校都是有价值的。学能测试是一种预示性的测试，用在学习一种语言之前，本书第六章已作了介绍。

（2）成绩测试。成绩测试又称课程测试，是一门课程或课型的测试。目的是检查学习者在某一教学阶段是否掌握了教学大纲和教材所规定的教学内容，在学习上取得什么成果。测试的内容以课程的教学大纲和教材为依据，教什么考什么。这是一种回顾性的测试，目的在于了解学习者目前所达到的程度，是与一个较长期的目标相联系的。被试获得的成绩是绝对的。按照预先制订的标准，学习者如完成了规定的学习任务，就能取得好的成绩。成绩测试是教学中用得最多的测试，学校的期中期末考试、毕业考试等都属于这一类。

（3）水平测试。水平测试又称能力测试或熟练程度测试。目的在于测量被试现有的整体的语言实际运用能力，也就是用语言完成特定任务、实现特定目的的水平。水平测试不考虑被试的学历，也不以任何大纲、课程或教材为依据，而是根据语言交际能力的标准，或是某一特定任务的要求来命题。这是一种回顾兼预示的测试。它具有较高的区分性，被试的分数反映了他在全体被试中的位置，常用来选拔人才。水平测试常常是标准化测试，如我国的汉语水平考试（HSK）、英语水平考试（EPT），美国的托福考试，英国的剑桥英语水平考试等。

平常使用较多的分班测试，从它的目的和性质来看，也属于水平测试。

（4）诊断测试。诊断测试是为了了解被试在学习某一具体内容或在较短的一段学习时间里所存在的问题而进行的测试。目的是迅速直接地获得反馈信息，及时改进教学。这也是一种回顾兼预示性的测试，常常是与一具体的短期目标相联系。学校中的小考、小测验都属于这一类。诊断测试是非正式的测试，命题、评分都比较灵活，一般也不用做衡量学生水平的主要依据。

从上述四种测试可以看出，不同的测试有不同的用途。水平测试很重要，但不能将学校的各种测试都向水平测试靠拢，更不能让水平测试指挥教学。对学校教学来说，成绩测试和诊断测试更具有直接意义。

2. 按评分的方法分

（1）客观测试。客观测试的试题答案是固定的；评分是客观的，不受评卷人主观认识和个人兴趣的影响，不论是谁评分结果都一样，甚至可以用机器评分。多项选择题、正误判断题等都是客观试题。客观测试测量的结果比较客观，分数可靠；试题覆盖面大，针对性较强，能进行多方面的考查；阅卷方便，适用于大规模考试。缺点是命题较难，而且只能测量理解、识别技能，难以测出表达技能。

（2）主观测试。主观测试每个试题允许不止一个答案，评分在很大程度上取决于评卷者的主观判断，不同的评卷者由于认识的不同会得出不同的结论。问答、翻译、作文、口试等都属主观性试题。主观测试更有深度，能测出被试的表达技能、综合语言能力和运用语言进行交际的能力。主观测试命题比较容易,可以防止靠猜测得分和作弊。缺点是阅卷费时,评分不易遵循一个客观、统一的标准,且试题量小,测试的范围也较窄。

3. 按命题方法分

(1)分立式测试。分立试测试是对语言要素(语音、词汇、语法等)和言语技能(听、说、读、写)分别进行单项测试,如填空、完成句子、多项选择。其理论基础是结构主义语言学。认为语言是由各种成分组成的,掌握一种语言就是掌握这些成分和技能。而这些成分和技能都可以分别进行单项测试,以确定被试的总体语言能力。分立式试题的长处在于想考什么就能考什么,被试无法回避,而且大多采用客观试题。缺点是只能测量各个孤立项目的知识和技能。而各个单项知识、技能之和不一定等于其总体语言能力。

(2)综合性测试。综合性测试是对语言知识和言语技能进行整体的综合性的测试,以测量被试综合运用语言知识和言语技能的能力。综合性测试认为语言是个整体,人们在实际使用中不可能只运用某一方面的知识或一种技能,而是各种语言要素和言语技能综合运用。完形填充、阅读理解、听写等都是综合性试题。

(3)交际性测试。交际性测试是测定被试在实际生活中运用语言进行交际的能力。其理论基础是语言功能和语言交际理论,强调语言教学的目的是培养语言交际能力。交际性测试不仅具有更强的综合性,而且要全面考查在一定的社会情景中正确、得体地运用语言进行交际的能力。面谈、应用性写作都属于交际性测试。目前这一类型的测试还处于探索中。

4. 按分数解释的方法分

(1)标准参照测试。标准参照测试是测定被试是否达到教学大纲所规定的标准的一种测试。这种测试用来评定被试完成学习任务的情况。只用他的成绩与应达到的标准相比较,而不与别人的成绩作比较。成绩测试属于这类测试。

（2）常模参照测试。常模参照测试是将被试的个人成绩与集体考试成绩相比较，以决定被试的成绩在集体中的位置的一种测试。所谓"常模"，是指同一批被试掌握该目的语的平均水平。这种测试的目的在于显示被试语言知识和能力的差异，因此必须使被试的分数拉开。常模参照测试的分数分布应以平均分为中心，形成近似正态分布。水平测试、学能测试都属于常模参照测试。

5. 按测试的制作要求分

（1）标准化测试。标准化测试一般是由专业机构研制的大规模商业性测试，对考试的全过程（设计、命题、施测、评分、分析等）实行标准化处理：有固定的、标准的内容和考试及评分的程序，试题一般都要经过预测，对误差进行严格控制，其不同版本的分数之间可以进行比较。标准化测试通常是以客观性试题为主的常模参照测试。

（2）非标准化测试。非标准化测试是指由任课教师根据教学需要自行设计、命题、施测和评分的测试，成绩测试、诊断测试都属于这一类。非标准化测试规模一般较小，没有统一的标准，分数之间也是不可比的。这类测试是教学过程中通常使用的，是标准化测试所不能取代的。

三、语言测试的评析标准

语言测试质量评析，可以从效度（有效性）、信度（可靠性）、区分性、可行性及后效作用几个方面进行。好的语言测试特别是大规模标准化测试在上述五个方面应达到较高的水准。

1. 效度

效度又称有效性，指测试的有效程度，即测试的内容和方法是否能测出预定要测量的属性。比如说，本想要测量听力理解能力，但采用的却是笔头回答问题的方法。其结果，所测量的是被试的笔头表达能力，而不能反映其听力理解能力。这就好像用秤来量高度,其结果只能测出重量,不能达到测量的目的。

影响效度的因素有:

(1) 测试的目的不明确,需要考什么不清楚。如测试口语能力——复述,就不能让复述的故事情节过于复杂,以致成了测量学生的记忆力。

(2) 命题方面的技术性问题会影响效度。试题要清楚明了,语言要通俗易懂,不能用过多的生词、太复杂的句子。试题不能太多或太少,太多做不完,太少不足以反映被试的全面情况;也不能太难或太容易,太难太易都不能测出被试的真实水平。试题要避免歧义或试题之间相互暗示。试题编排顺序要由易到难,要防止排列有规律而可能对答案产生暗示。

(3) 组织管理方面的问题也会影响效度。指导语不清楚或太难,受试者不能正确理解题目的要求。场地、设备条件差,影响到考试。考场组织、纪律问题,如监考者不按规定时间发卷、收卷或给受试者以提示。

2. 信度

信度又称可靠性,指测试结果的可靠程度或稳定性,也就是考试成绩是否反映了被试的实际水平。测量的工具要固定。松紧带不能用来作测量的尺子。语言测试是测量语言的工具,这把尺子也要固定。如果同一试卷测量同一被试的语言知识和能力,在他的知识和能力没有变化的情况下,若每次测量的结果都不一样,说明这一测量工具不可靠。任何一种考试都无法完全避免误差,如果误差很小,那么测量就是明确的,考试分数也就非常接近被试的真实水平,考试的信度也就大。

影响信度的因素有:

(1) 测试的题量。题量大,代表性好,分布均匀,测试的信度就高;题量少,偶然性大,信度也就低。题量是影响信度的主要因素。

(2) 试题的同质性。指同一考试的不同试卷试题的相似程度和一致程度（题型、题量、覆盖面、指导语及试卷的编排）都要一样。

（3）试题的区分性。试题要能区分学生水平的差异。区分性与试题的难易度有关。

（4）被试水平的多样性。被试水平愈接近，差异愈难测量，可靠性愈低；被试水平悬殊，测试容易准确可靠。

（5）评分的客观性。这是影响信度的另一重要因素。要改进评分方法，特别是主观性试题的评分要尽可能客观化。

测试的可靠性与有效性是测试的两大评析标准。两者都很重要。两者关系密切且十分复杂。

（1）信度是效度的前提。如果测试的结果不可靠，不能反映被试的实际水平，就谈不上有效性。

（2）信度高并不意味着效度一定高。可靠的语法项目考试不一定能测出被试的理解能力。

（3）效度不高，信度高也没有意义。效度不高，考试内容偏离了考试目的，再可靠也没有意义。如只测试词汇的多项选择，尽管相当可靠也不能说明被试的语言交际能力。

3. 区分性

区分性指测试区分被试知识和能力差别的性能，是试题的质量标准。如果被试的水平高低不同而测试的成绩却很接近，不能把水平高和水平低的被试区分开来，说明该考试的区分性差。录用人材的选拔性考试要求试卷有较高的区分性。测试的区分性从试题的难易度和试题的区分度两方面考虑。

（1）试题的难易度指试卷中应包括适当比例的难易程度不同的试题。一般认为，30%到70%的被试都能做对的题目（即难易度为0.3～0.7）比较适中。指数愈大愈容易，指数愈小愈难。试题应难易度适当。太难，无人答对；太容易，人人都能答对，均没有意义。为了把被试拉开距离，试题的难易要有一定的跨度和比例。有的试卷把试题按难易度分成五等：中等难度试题占50%

（或 45%），较难和较易的各占 20%（或较易者 15%，较难者 20%），更难和更易的各占 5%（或 10%）。

（2）试题的区分度指试题能区分被试水平差异的程度，它与难易度相关，是更重要的指标。一般按考生分数排列，将 27% 最高分的和 27% 最低分的分别作为高分组和低分组。一道试题如果高分组答对了、低分组答错了，那么这道题有较好的区分度；反之，则没有区分度。

4. 可行性

可行性指测试是否简便、经济、易于操作、便于管理。特别是评分是否容易。如果不方便、不经济，即使是好的测试也难以推广。

5. 后效作用

测试是用来检查教学效果的，但同时又不可避免地给教学以影响，这就是测试的后效作用。特别是一些大型的、重要的考试，如升学考试，常常对教学起指挥棒的作用。为了使学习者能通过这类考试获得好的成绩，教学反而向测试看齐，甚至出现教学为考试服务的本末倒置现象。好的测试符合教学规律，能给教学以正确的引导，对学生的学习起检查和督促的作用，产生积极的后效。如果考试背离了教学规律和学习规律，就会对教学产生有害的影响。

四、标准化语言测试的过程

标准化语言测试，对测试全过程实行科学化、标准化处理。尽管日常教学中使用的成绩测试和诊断测试难以达到这样的要求，但标准化测试的过程对制订各种类型测试仍有参考价值。标准化语言测试的过程大体上有四个步骤，即设计命题、考试实施、阅卷评分和统计分析。

1. 设计命题

(1) 考试设计。明确考试目的，制定考试大纲，确定考试的类型、范围、内容、重点、方式、题型、题量、分值、难度、评分和计分方法、考试时间等。在考试范围、内容部分常规定具体的量化标准（如词汇量、语法点等）。

(2) 拟定编题计划，制订考试蓝图或试卷各部分细目表。

(3) 命题：广泛征题、由命题员编题、专家组审题并进行修改筛选。

(4) 预测。

(5) 题目分析。根据预测结果，对试题进行难易度、区分度、选项的分布等方面的分析，确定哪些试题符合考试要求。

(6) 按大纲进一步审查试题并编制成正式试卷。

(7) 为保证试题及每份试卷的质量，应建立题库，把经过试测和项目分析，符合效度、信度、难易度、区分度要求的试题存入题库。

2. 考试实施

通过宣布考场规则、发布主考指令严格控制考场秩序，特别是统一考试的时间、答题的方法步骤。

3. 阅卷评分

对客观性试题实行机器阅卷，尽可能消除人的主观因素带来的误差。

4. 分析研究

考试实施后，对正式试卷做信度、效度的检验，对测试的后效进行研究，就此次考试的结果进行分析和解释，并做出报告。如果是成绩测试，应为教学提供反馈信息，以改进教学。

五、语言测试的内容与主要题型

1. 语言测试的内容

包括对外汉语教学在内的第二语言教学的根本目的是培养运用语言进行交际的能力。对教学能起积极的后效作用的语言测试，尤其是成绩测试和诊断测试应当与这一教学目的相一致。因此作为教学内容的语音、词汇、语法、汉字等语言要素，听说读写言语技能和反映语用规则、话语规则、交际策略的言语交际技能以及语言文化因素、基本国情和文化背景知识等，也就是语言测试的内容。如前所述，其中成绩测试和诊断测试应紧密配合教学计划和大纲，按所教的内容确定测试内容。水平测试以考查被试的整体语言运用能力为目的，目前主要仍是通过对语言要素知识、言语技能和言语交际技能以及相关文化知识的分项目测试来完成的。应考虑更全面、综合地测量上述各项内容。水平测试愈来愈对教学产生重大影响，其后效作用尤其值得注意。

2. 语言测试的题型

题型是指试题的类型。一份试卷所采用的题型及各种题型的比例，一定程度上反映了考试的目的和对语言水平的看法。比如，是重阅读还是重听力，是重语法还是重词汇。

编制各种题型的试题都应当注意：

（1）试题编制者对每道题要达到的目的应当十分清楚，要排除与测试目的无关的因素。

（2）试题固然要针对学习者的难点（常常是通过与其母语的对比或学习者常出现的偏误中得出），但也要照顾目的语常用的句型和词汇。不应专挑难点和特殊点，甚至走向出偏题的歧路。

（3）试题应在教学大纲或考试大纲范围之内，一般不应超纲。

（4）除了考记忆能力外，还应当考思考能力和猜测能力。

（5）成绩测试应当是客观测试和主观测试相结合。大规模标准化考试也应加入一定数量的主观性试题（如 30～40%），以提高效度。

（6）题序安排要体现由易到难，以排除受试者的心理障碍。还要注意试卷的校对等技术性问题。

语言测试的题型有数十种，这里我们重点讨论多项选择题、综合填充题、作文和口试。

3. 多项选择题

多项选择题一般是先提出情景（称为题干），并提出四个答案的选项，让被试选择其中的一个（其余三个叫干扰项或迷惑项），所以也称四项选择题。也有的是三个或五个选项的。这是考查阅读理解和听力理解等语言技能的常用题型，可以考词汇也可考语法。多项选择题最大的优点是评分客观，因而信度大。可以直接考出编制者想考的问题，使被试无法回避，因而效度也大。由于答题迅速（只要在正确答案上画勾），因此题量可大。缺点是不能测表达能力，有 25% 猜对的概率，命题费时费力。要编制好多项选择题应当注意：

（1）试题本身要明白易懂。不要出生僻的词语、句式，避免因看不懂试题而答不出。题干提供的语境要清楚，要充分，尽可能包含试题应交代的内容，以便被试判断。

（2）一个项目（问题）只测试一种语言现象。考语法就不要再考词，不要同时考几个语言点。

（3）答案必须是惟一的。要从多角度检验其惟一性，决不能有第二个合适的答案。

（4）主干与四个选项之间、各道题之间不能给正确答案以任何暗示。选项填入主干后，ABCD 四项中正确答案要分布均匀，不能固定（都是 A 项正确，或者四项按序轮流），以免形成规律。

（5）设计干扰项是多项选择题编制的最大难点。干扰项一定要起到似是而非的干扰作用，不能牵强附会随便拼凑。如果有一项无人选，就说明它不起干扰作用，必须换掉。四个选项尽可能涉及同一类事物或活动，要保持相关性，词性要一致，难度大体相当，甚至长度也要大体相仿，越短、越简单越好，要避免出现题干中已有的词语。

由于多项选择题存在不能直接考查表达能力的缺陷，因此过分依赖这种题型，甚至把它作为平时常用的练习形式，就会导致书写表达能力下降，也会影响到口语表达能力和阅读能力，使学习者总的语言运用能力和文化素养下降。就智力训练而言，多项选择是对所提供的情景运用推理判断能力，不利于主动思维、创意思维能力的发展。有些国家的学者就担心从幼儿园开始，多项选择题一直做到大学会产生灾难性的后果：连生词的拼写都不会了。对我国的汉字，如果只靠画勾来辨认，恐怕是难以掌握的。所以在一般的课堂测验或练习中，应防止这一题型的滥用。

4. 综合填充题

综合填充是完形测试的基本形式。即在一篇短文中隔一定的字数删去一个词，让被试补上。有人巧妙地把这一题型译成"克漏字"。它是以格式塔的完形心理学派理论为基础，认为心理学的基本特征是在意识经验中所体现的结构性或整体性。如果一个结构整体缺了某一组成部分，人们就倾向于把缺口补上使其完善起来。"完形倾向"使人具有填补空缺的心理，而填补空缺的过程中必须对整体及其组成部分有充分的认识。人们常通过语言中的多余信息，补充空缺信息。语言水平愈高，能容忍的空缺信息愈多。完形测试在发展过程中有很大变化。最早，是选用三四百字短文，除了第一句和最后一句外，每隔5或7、9、11个字就留出一个空格（少于5个字太难，多于11个字太易），每道试题约25～50个空格。后来，发现定距离留空过于机械，所留的空不一定是想测的地方，想改为从出题的需要出发不定距离留空。另一个变化是最早要求补上原文中同样的字作为唯一答案，但很多人认为这样的要求太机械也不合理，不能要求被试与原作者（可能是名家）同一思路，只要在语义和语法上与整个材料相一致就应算答对。但判断所填的词是否合适又带来了主观性的问题，所以又采用综合填充与多项选择相结合的办法，在空缺中提供几个选项以供被试选择。这种题型既要求读懂全文、理解全文，能达到原作者的表达水平，考出综合运用语言的能力，又能保持客观性测试的优点，所以现在把它作为综合性测试的好题型普遍运用。

编制综合填充题需要注意：

(1) 汉语综合填空一般应考虑以词为单位。虽是不定距离留空，但间隔也要调整平衡，不能连续留两个空。

(2) 应选用原文。长度以300字左右为宜，水平低的也可从200字开始。要提供清楚的语境。

(3) 留空所测之处，应当是宏观与微观相结合。但要着重要求从宏观上把握全篇文章，甚至读到后边才能填出前边的空，这样才能测出被试的综合语言能力，也才能发挥这一题型的长处。有些语法点或词在它所出现的句中就能解决，属微观题目，不宜太多。

(4) 文章的第一句和最后一句，涉及到提供完整的语境，不应留空。

(5) 注意题内上下文之间的关系，避免给答题留暗示。

5. 作文

多项选择题无法测量语言表达能力，综合填充虽然与语言表达能力非常相关，但毕竟不是直接表达。因此，传统的作文仍是不可替代的题型，尤其在成绩测试中经常采用。作文能全面反映被试的语言水平，反映其语法、词汇、标点符号运用水平和汉字书写水平以及成段表达能力（话语能力）。作文的致命弱点是阅卷费时、评分难免主观性，因此很多大规模标准化测试都不敢采用这一题型。人们为解决这一问题已经想出不少办法：一方面是使用限制性作文，限制题材、体裁，设置情境，规定人物、时间、地点事件，明确要写的内容、格式和字数；一方面尽可能使这种主观性题型的评分客观化。一般采用客观化评分的方法有：

(1) 将作文评阅标准细化、量化。从文章论点、结构直到错别字、标点符号具体列出得分（扣分）标准。标准愈细愈客观。不同的阅卷者都要照章评分。

（2）多人集体评分。同一篇文章由几个人阅卷，并经讨论或用平均分定分。

（3）流水评分。每个阅卷人负责作文评阅的某一项，以保证该项掌握的标准一致，然后把多人评的各项分数相加就是总分。

（4）比较评分。不规定具体标准，而是单凭印象将文章进行比较。先分为三大等，然后每大等再细分为若干等。这期间还可以反复调整文章的等级。名次排定以后，以某一等为准，定为及格，其他各等依次评分。如经多个阅卷者讨论确定得分，则更为客观。

除了作文外，写作类的题型还有组句、完成句子、改写句子、排句序等。

6. 口试

目前大多数水平测试都只是测量听、读的能力，较少测量写的能力。而测量说的能力，由于技术方面的原因，难于大规模进行。这是因为如采用面试方法过于费时费力，成千上万人的考试难以操作。用录音方式又很不自然，只能是被试的独白，而无法与主试交流，对被试的心理也有影响。因此测量说的能力一直被排除在很多标准化考试之外。但口语表达能力是最直接、最重要的语言交际能力。不包括口语的水平测试，很难算是完整的测试。小规模的口试，特别是课堂口试，常采用师生面对面的方式，可以进行朗读、复述、答问、看图说话、讲述、角色扮演、讨论等题型的测试。并参照作文评分的方法，将标准量化、细化，并由多人集体评分使之尽量客观化。

20 世纪 80 年代美国研制了一套口语测试的办法，把 15 分钟至半小时的考试分为四个阶段：

（1）准备（warm−up）。通过轻松的寒暄，营造愉快的气氛，使被试情绪放松。

(2) 级别测定 (level-check)。用分等级的问题卡片提问，找出被试的最高水平，并了解这一最高水平有无延伸或持续的能力。这一阶段通过广泛的提问，了解被试的发音、词汇面、语法准确性、流利程度、表达是否地道、得体。提问起点太高会挫伤被试的积极性，太低又浪费时间。有经验的主试能较快地找到代表被试水平的切入点。

(3) 进一步试探 (probes)。为了确定第二阶段所测的级别是否准确，把试题难度提高，以便找到被试语言水平的顶点。如果说上一阶段是测试被试"能说什么"，那么本阶段就是要发现他"不能说什么"，以免把他的语言水平估计过低。当被试流利程度突然降低，语法错误突然增加，甚至表示能听懂但不知怎么用汉语回答，这说明已到了他口语能力的极限。

(4) 结束 (wind-down)。找到以后又回到被试的最高点上。让他恢复自信，有成就感，不至在无法应对时结束谈话。

这种口语虽有一定的试题，但只是提示性的，主要靠主试的现场运作。主试的考验经验、特别是提问技巧起很大作用。在口试过程中，要求主试态度友好、客观，不给暗示，不打断被试的讲话，也不替他回答，对正确与错误不表态。考试气氛要轻松，既不要一句一句"审问"，但也要注意提问的目的性，不能变成谈家常。不要突然转变话题，或跳来跳去。要避免考记忆、考常识、考专门性的知识。评分时要只考虑答案内容是否与问题相关，一般不评价其观点如何。口试的主试必须经过严格的培训，并在对数十人的考试评分得到鉴定后，才能获得主试的资格。

思 考 题

1. 按用途分有哪几种测试？它们各有什么特点？
2. 什么是测试的信度和效度？怎样才能提高测试的信度和效度？
3. 什么是主观试题？什么是客观试题？各举两个例子说明。

第十一章　汉语作为第二语言教学的教师与学科建设

随着新世纪的到来，汉语作为第二语言教学不论在我国或是在世界范围内都呈现出大发展的迹象，前景令人鼓舞。新的形势对汉语教学提出了更高的要求；要发展汉语教学就必须加强学科建设。当前学科建设的任务主要体现在三个方面：首先要明确对汉语作为第二语言教师的素质要求，加强教师队伍的建设；第二要改革和完善汉语作为第二语言的教学法体系，提高教学效率；第三要加强科学研究，提高学科理论水平。

一、明确对汉语教师的素质要求，加强教师队伍的建设

汉语作为第二语言教师担负着为培养全面发展的人才而教书育人的重任，同时也是进行学科建设的主要力量。为了很好地履行教师的崇高职责，第二语言教师本身必须具备一定的思想品德、知识和能力方面的素质。

1. 思想品德素质

汉语作为第二语言教师首先应当热爱汉语教育事业，有献身这一事业的决心。有志于通过汉语这一桥梁，加强各国人民的了解与友谊；有志于通过汉语教学，为振兴少数民族教育事业、加强我国各民族团结、推动西部大开发做出贡献。作为人类灵魂的工程师，汉语教师应当以身作则，为人师表，身教重于言教，以自己的爱国主义情操、高尚的道德品质、认真严谨的工作态度和

敬业精神，成为学生的表率，在潜移默化中影响学生。汉语教师还应该善于接近学生，与学生打成一片，既是学生的良师又是益友，通过与学生交流思想做好德育工作。

2. 知识结构

汉语教师是教汉语的，首先必须具备扎实、系统的汉语语音、词汇、语法、汉字和修辞方面的专业知识。人们常说，给学生一杯水，教师本身则应该有一桶水。教师要熟悉所使用的教材的全部内容，但仅仅掌握要教给学生的那点知识是远远不够的。教师应具备更系统、更深的现代汉语语言学知识，还要有一定的古汉语知识和语言学（语音学、词汇学、语法学和文字学、语义学、语用学、心理语言学和社会语言学等）知识，能够运用有关的知识和理论分析、解释课堂中的语言现象。这样才能帮助学生发现错误，分析原因并有效地纠正错误，才能较好地回答学生提出的各种问题。

语言和文化、文学是紧密不可分的，文学作品也常常是高级阶段语言教材的内容。要教好语言，必须具备汉语的文学知识，对中国古代、现代文学发展史，对各个时期的著名作家和作品要有所了解。同时还要有较丰富的社会文化知识，对中国的历史、地理、经济、艺术、宗教和民俗等也要有所了解。还应当具备一定的世界文学和文化知识，以及跨文化交际学知识。

要教好语言，在课堂上发挥主导作用，必须掌握第二语言教学理论、教学原则和教学方法，在教学中能运用这些知识正确地处理各种矛盾，取得好的教学效果。前边已经谈到第二语言学习和教学涉及到心理学、教育学的很多理论问题。要了解学习规律和教学规律，教师就必须掌握心理学和教育学的有关知识。

所以，从知识结构方面来看，汉语作为第二语言教师应具备汉语知识、中国文学和文化知识、语言学、心理学和教育学知识。

3. 能力结构

汉语教师首先必须有扎实的汉语听、说、读、写的基本功，必须有规范的汉语口语和书面语的熟练运用能力。只有这样，才能在汉语教学中起到示范作用，成为学生模仿的榜样。在没有社会语言环境的情况下，教师可能成为学生学习的唯一资源。如果教师本身发音不准，句子常常出错，缺乏口、笔头表达能力，必然会对学生产生误导。

要做一名称职的汉语教师应具有教学能力，包括担任一种或多种汉语课型教学的能力：能组织并主导课堂教学，能使用不同的教学手段，能应变并及时调整教学方法，能发现并纠正学生错误，能掌握各种教学技巧等。作为教师还应该有对教材、教学大纲进行设计、编制和评估的能力，对学生的学习效果及汉语水平进行分析、判断、评估和解释的能力。

汉语教师除了自己的母语外，应具备至少一种第二语言的熟练运用能力，本身有第二语言学习的经历和体验。最好能掌握学生的母语和母文化，或者与之有一定联系的第二语言和文化。

根据客观形势发展和学科建设的要求，汉语教师应具有对自己的教学工作进行总结和分析的能力，应具有结合教学工作进行科学研究的能力。

教师如能在音乐、舞蹈、戏剧、绘画、书法、体育等方面有一定的兴趣和艺术才能，将会大大地有利于他的汉语教学工作。

以上全面提出了对汉语作为第二语言教师的素质要求。这些要求应该说是最基本的，是每个在职的教师都应该达到的。在此基础上，对教学艺术高超或科研能力强的骨干教师，还应提出更高的素质要求。因此，要当一名汉语作为第二语言的教师，是必须具备一定条件的。我国设立了专门培养从事汉语作为第二语言教学的师资和研究人员的本科专业和硕士、博士专业，国家教育部门还要求对外汉语教师不论已取得何种学位，都必须通过教师资格证书考试，率先在各学科中实行了资格考试制度。

另一方面我们也应该看到，由于历史的原因，目前我们的教师队伍状况远不能适应新世纪汉语教学发展的需要，汉语教师队伍仍存在整体素质不高、数量不足的现象。因此，从现阶段汉语教师队伍的实际出发，上述对汉语教师的素质要求还不能一下子就达到，还需要通过本专业的学历教育培养新一代"科班出身"的教师，同时对现有教师加强培训工作，来加速教师队伍的建设。

二、改革和完善教学法体系，提高教学效率

　　汉语教学工作者普遍对目前汉语教学效果不满意。达到同样的程度，学习汉语所花的时间和精力往往超过学习其他第二语言。我国有些民族地区，中小学近十年的汉语教学，学生在汉语技能方面能达到教学大纲要求的也只占极小的一部分。我们不能把教学效率不高完全归咎于汉语本身的特点和难点，以及汉语学习者汉语水平起点低等客观原因。根本原因可能还在于我们没有完全找到针对汉语特点的学习规律与教学规律，汉语作为第二语言的教学法体系还不完善，教学方法还需进一步改革。正如一些学者所指出，目前我国流行的汉语作为第二语言教学模式是在20世纪80年代中期定型的，它反映的是20世纪60~70年代国际语言教学的认识水平，而近30多年来的国内外语言学、第二语言教学、语言心理学、语言习得研究、语言认知研究等方面的成果，未能吸收到目前的教学模式中来。我们的教学模式也非常单一，整个汉语作为第二语言教学界，除了极少数教师在进行一些教学试验外，大体上是按照相同的模式进行教学，几乎很少有突破，相当长时间以来在教学法的研究和探索方面显得非常沉闷。完善教学法体系，首先必须进行教学法改革。

　　1. 改革教学方法，首先应当研究并借鉴其他第二语言教学行之有效的原则和方法

　　当前第二语言教学界强调培养跨文化的语言交际能力，反映了语言作为交际工具的本质和社会对语言教学的要求。我们汉语教学尤须如此。面对"汉语难"的传统观念和当前学生汉语起点

低的实际,汉语作为第二语言教学的首要任务是培养学生运用汉语的能力。当学生掌握了汉语这把金钥匙,他就可以用来打开中国文化宝库之门,进行中国文化的学习或研究,或者进行各种专业的学习与研究。因此教学改革的主要目标应当是让汉语作为第二语言的学习者"在最短的时间内能最快最好地学习、掌握好汉语"(陆俭明)。在其他方面我们也应时刻关注国外第二语言教学发展的新趋向,作为对我们的启示和借鉴。

2. 改革教学方法,需要很好地处理教学中的一系列关系问题

这些关系如"以学生为中心"和"以教师为主导"的关系,语言知识教学和语言技能训练的关系,语言结构教学和语言功能教学的关系,听说技能教学与读写技能教学的关系,口语教学与书面语教学的关系,语言要素的教学和相关文化知识教学的关系,目的语和母语或媒介语的关系,语言和文学的关系等等。这些在前面所谈的教学法基本原则中都已提到,在处理这些关系时,需要客观地分析,全面地考虑,避免走极端。在不同的学习阶段,可能要突出某一方面,但仍需要兼顾另一方面,这就是我们总喜欢用"什么和什么相结合"的提法的原因。以学生和教师的关系而论,教师主宰一切,不考虑学生作为学习主体的作用是不对的。但如果只强调以学生为中心,在学校教育中不提教师的主导作用,让学生牵着教师的鼻子走恐怕也是不全面的,所以我们认为应当"以学生为中心"和"以教师为主导"相结合。以结构与功能的关系而论,这是长期争论的问题,传统的教学方法只教语言结构,不考虑语言功能是不对的,但如果只教功能而忽视打好语言结构这一重要的基础,也无法培养语言交际能力,所以我们提"结构与功能相结合"。现在整个第二语言教学界也强调各种教学方法的融合,和各种教学原则的综合,这是教学法发展的新趋向。

3. 改革教学方法,特别需要针对汉语的特点,加强对汉语特殊规律的研究

在汉语规律的研究方面,现在还有很多迫切要解决的问题,对

汉语声调教学的研究，对汉语特殊句式教学的研究，汉语话语教学的研究，特别是对汉字教学的研究，将成为近期的热点。这些问题（其中有一些是"老大难"的问题）不解决，汉语作为第二语言教学的质量也难以提高。

4. 改革教学法需要教学手段现代化

教学手段现代化首先要进行计算机辅助教学，运用多媒体技术，特别是大力开展网上的远程教学。我们要看到日新月异的信息传输技术的发展和教学手段、方式的现代化趋势。随着网上远程教学的开展，语言教学有可能冲破传统的教学模式，打破时间、空间的限制，成为面向全球的开放式、交互式的新型教学体系。技术手段的改革有可能引起一场新的教育革命，影响到教学内容、课程设置甚至教学原则。对此我们不但要有思想准备，而且要进行前瞻性研究。

三、加强科学研究，提高学科理论水平

教学体系的建立，教学效率的提高，有赖于理论的指导。加强科学研究，首先是加强汉语教学理论的研究。教学理论的研究居于学科理论研究的核心地位。当前教学理论研究的重点是如何把教学理论的教学目的、教学原则、教学过程、课程设置、教学方法、教学手段和教学评估等的一般理论，与汉语作为第二语言教学紧密结合起来，形成有自己特色的汉语作为第二语言教学体系，并进而研究最优化的汉语教学模式。汉语作为第二语言教学与英、法、德语等作为第二语言教学相比，起步较晚，在教学理论研究的广度、深度方面还有一定的差距。另一方面，汉语具有很多与印欧语系语言不同的特点，对汉语教学的研究不但可以印证而且可以大大地丰富人们对语言教学规律的认识，因此汉语教学理论的研究对整个第二语言教学理论的发展具有特殊的意义。

除了教学理论的研究外，语言习得的研究也将是21世纪本学

科理论研究的重点。研究语言习得，是为了揭示第二语言教学对象的学习过程和学习规律，是教学理论研究的基础和前提。近几十年来，对语言习得的研究已成为第二语言教学界研究的热点，在我国对外汉语教学界也出现了汉语习得研究的好势头。

理论研究的第三个重要方面是对作为第二语言学习和教学内容的汉语的研究。包括语音、词汇、语法、汉字、语义、语用、话语、功能和文化因素的研究。汉语作为第二语言的研究是汉语研究的一部分，汉语研究在我国已有两千多年的历史，对现代汉语的研究国内外语言学界也已积累了丰硕的成果，这些研究成果已成为本学科宝贵的资源。语言学和汉语语言学（一般指作为母语研究的汉语语言学）是汉语作为第二语言教学的理论基础，对本学科研究汉语起指导的作用，但它不能代替本学科对汉语的研究。本学科需要从第二语言学习和教学这一新的角度来描写汉语、研究汉语。这种研究，有不少区别于作为母语研究的一般的汉语语言学的特征。首先是研究的目的不同。本学科研究汉语是为了让常常是从零开始的第二语言学习者在较短的时间里快速、有效地掌握汉语的词语和造句规则，培养其运用汉语进行交际的能力；而不是如何提高早已具备汉语交际能力的人，对其习焉不察的语言规则系统的理性认识。第二，研究的内容不同。本学科主要研究那些通过与学习者母语对比所揭示的汉语特点和汉语作为目的语学习所遇到的难点，也就是汉语的特殊规律，并研究如何将这些规律、知识转化为学习者的技能；而不是面面俱到地追求理论知识的系统性与完整性。比如作为母语研究的语法书用大量篇幅讲解的，甚至是长期以来争论不休的问题，从第二语言教学的角度来看也许并不重要；而作为第二语言教学所遇到的一些老、大、难问题，像"了、着、过"等动态助词、语气助词、量词、一些特殊的动词句式、紧缩句等在母语语法研究中却没有得到足够的重视，因而至今也未能提供十分满意的解释。第三，研究的侧重点不同。本学科需要从意义的表达出发，突出用法和功能的研究，多讲句子的条件，建立汉语的组装规则体系；而不是单纯从语言结构出发，集中于描写语言现象、分析语言现象。第四，研究的角度不同。本学科要求除了从语言学的角度来研究以外，还要从汉民对比、跨文化交际、语言习得、学习者个体差异、认知心理等多角度进行综合研究。第五，研究的方法也不同。除了一般的语言学研究方法外，还要采用对比分析、偏误分析以及心理实验等多种方法研究。可以说，汉语作为第二语言教学所需要的对汉语的研究，是一种跨学科的、综合的研究。在关心本学科的语言学界学者们的支持与合作下，我们已初步建立了汉语语音、语法、词汇和汉字等的教学体系。这些体系还存在不少问题，教学实践又不断提出新的问题，需要我们进一步解决。

汉语作为第二语言教学的内容除了汉语言本身外，还包括与汉语紧密相关的文化因素和基本的文化背景知识。这就需要从跨文化交际的角度和文化语言学的角度，对汉语的文化因素进行研究。这在国内和国外都还刚刚开始，而对这方面的研究最感兴趣、最需要其研究成果的，也还是本学科。

以上三个方面，即汉语教学理论研究、汉语学习研究以及对汉语本身的研究，是本学科理论研究的主要方面。此外还有对上述理论的应用的研究，包括对总体设计、教材编写、课堂教学、测试评估、教学管理和师资培养等方面的研究。所以，汉语作为第二语言教学的研究领域十分广阔，学科建设是一项十分复杂的系统工程。我们希望在21世纪的第一个十年内，在广大教师和研究者的共同努力下，本学科的建设能取得更大的成果。

思 考 题

1. 你认为要提高你们单位的汉语教学的效率，当前要解决的主要问题是什么？
2. 作为一名第二语言教师，你在完成汉语教学任务中遇到的主要困难是什么？
3. 根据你在教学中的体会，你觉得你可以从哪一方面进行学科的研究？

后　记

　　为适应汉语作为第二语言教学短期教师培训的需要，应北京语言大学出版社之约，将拙作《对外汉语教育学引论》一书加以改编。增加了一些内容，去掉与同一系列培训教材中重复的部分，并对某些章节进行了修订，以《汉语作为第二语言教学简论》的书名出版。特此说明。

刘　珣

2002年春于北京语言大学